시편으로 드리는 기도
PREGARE CON I SALMI

APPUNTI SULLA PREGHIERA Volume 2
PREGARE CON I SALMI
by GIANFRANCO RAVASI
© 2024 Dicastero per l'Evangelizzazione — Sezione per le questioni fondamentali dell'evangelizzazione nel mondo — Libreria Editrice Vaticana
Cover design © Zanini ADV

All rights reserved.

Korean Translation Copyright © 2024 Living with Scripture Publishers, Seoul, Korea.

이 책의 한국어판 저작권은 저작권자와 직접 계약을 맺은 '성서와함께'에 있습니다. 저작권법의 보호를 받는 저작물이므로 무단 전재와 복제를 금합니다.

시편으로 드리는 기도

서울대교구 인가: 2024년 5월 8일
초판 1쇄 펴낸날: 2024년 8월 27일
2쇄 펴낸날: 2024년 10월 15일

지은이: 잔프랑코 라바시
옮긴이: 안소근
펴낸이: 나현오
펴낸곳: 성서와함께

주소: 06910 서울특별시 동작구 흑석로13길 7
전화: (02) 822-0125~7 / 팩스: (02) 822-0128
인터넷서점: http://www.withbible.com
전자우편: order@withbible.com
등록번호 14-44(1987년 11월 25일)

ⓒ 성서와함께 2024
성경·교회 문헌 ⓒ 한국천주교중앙협의회, 2024.

ISBN 978-89-7635-437-2 93230

DICASTERO PER L'EVANGELIZZAZIONE
SEZIONE PER LE QUESTIONI FONDAMENTALI
DELL'EVANGELIZZAZIONE NEL MONDO

시편으로 드리는 기도

잔프랑코 라바시 지음
안소근 옮김

†

차례

08   머리말
14   여는 말

19   **제1장 기도, 영혼의 호흡**
20   기쁜 찬미의 노래
23   고통스러운 간청

29   **제2장 시편으로 기도하기**
31   시편집이라는 건물
33   시편집의 여러 얼굴
36   무지갯빛 시편 기도
37   위기
39   희망, 신뢰, 감사
42   흠숭과 열정의 기도
45   전례 기도

48	정치·문화 생활과 기도
51	저주 시편

57 제3장 시편, 하느님과 인간의 말
58	하느님과 기도자의 만남
64	세 번째 존재

71 제4장 시편으로 들어가는 열쇠
73	2가지 길 1편
74	메시아 임금 2편
75	주님, 저를 고쳐 주소서! 6편
76	신보다 조금 못한 8편
77	죽음을 넘어선 생명의 길 16편
78	태양 빛과 말씀의 빛 19편
79	저의 하느님, 어찌하여 저를 버리셨습니까? 22편

80	주님은 나의 목자	23편
81	폭풍의 일곱 소리	29편
82	인간의 삶은 숨결 같은 것	39편
84	암사슴이 시냇물을 그리워하듯	42-43편
86	재산과 죽음	49편
87	불쌍히 여기소서!	51편
88	제 영혼이 당신을 목말라합니다	63편
89	메시아, 정의의 임금	72편
91	신앙의 위기를 넘어	73편
92	순례자의 노래	84편
93	아무도 이방인이 아니다	87편
94	가장 괴로운 간청	88편
96	우리 햇수는 숨결 같은 것	90편
97	노인의 노래	92편
98	주님은 세상의 임금	98편

99	아버지처럼 자애로우신 하느님	103편
100	피조물의 노래	104편
102	임금이며 사제인 메시아	110편
103	화살기도	117편
104	하느님 말씀에 대한 장엄한 노래	119편
106	예루살렘, 평화의 도성	122편
107	가정의 노래	128편
108	깊은 곳에서	130편
110	어머니 품에 안긴 아기	131편
111	바빌론 강기슭에서	137편
112	주님, 당신은 저를 살펴보시어 아십니다	139편
114	창조물의 할렐루야	148편
115	마지막 할렐루야	150편

116　맺음말

머리말

기도는 신앙의 숨결이며 그 자체로 가장 구체적인 신앙의 표현입니다. 기도는 하느님을 믿고 자신을 맡기는 이들의 마음에서 나오는 침묵 속의 외침과도 같습니다. 이 신비를 표현할 적절한 말을 찾기란 쉬운 일이 아닙니다. 우리는 성인들과 영성가들, 그리고 신학자들의 성찰에서 기도에 관한 수많은 정의를 찾을 수 있습니다. 하지만 기도는 항상 기도를 실천하고 체험하는 이들의 단순한 증언으로만 설명할 수 있습니다. 더구나 주님은 우리에게 기도할 때 빈말을 되풀이하지 말라고 경고하시며 말을 많이 해야 들어 주시는 줄로 생각하는 것은 착각이라고 가르쳐 주셨습니다. 주님은 오히려 침묵 속에서 우리가 청하기도 전에 이미 무엇이 필요한지를 아시는 하느님 아버지께 자신을 내어 맡기라고 가르쳐 주셨습니다(마태 6,7-8 참조).

2025년, 희년이 이제 가까이 다가왔습니다. 교회의 삶에 있어서 이토록 중요한 희년을 준비하는 가장 좋은 방법은 기도가 아닐까요? 2023년은 제2차 바티칸 공의회의 네 개 헌장에 담긴 공의회의 가르침을 재발견하는 해로 보내고자 했습니다. 이는 공의회의 교부들이 우리에게 전하고자 했던 가르침을 오늘날에도 생생하게 살아 숨 쉬게 하기 위함이었습니다. 이를 통해 교회가 활력을 되찾고 우리 시대의 모든 이들에게 적절한 언어로 신앙의 아름다움을 선포하기 위함입니다.

　이제는 기도에 온전히 봉헌된 2024년을 준비해야 할 때입니다. 실제로 우리 시대에는 전 세계적인 불안에서 비롯된 매일매일의 절실한 문제와 질문에 대답할 수 있는 진정한 영성의 필요성이 점점 커지고 있습니다. 최근 팬데믹으로 인해 악화된 생태적·경제적·사회적 위기와 특히 우크라이나에서 벌어지고 있는 전쟁으로 인한 죽음과 파괴와 빈곤 그리고 무관심과 버리는 문화는 평화와 연대에 대한 열망을 짓누를 뿐만 아니라, 개인의 삶과 사회생활

전반에서 하느님을 소외시키고 있습니다. 이러한 현상들은 많은 사람이 기쁨과 평온함을 느끼며 살지 못하도록 어두운 분위기를 자아냅니다. 그러므로 아버지께 드리는 우리의 기도가 더 큰 열망으로 솟아오르도록 해야 합니다. 그래야만 아버지께서, 당신께 신뢰를 두며 당신을 찾는 이들이 바치는 기도의 외침을 들으실 것입니다.

  올해가 기도에 봉헌된 해라고 해서 개별 교회가 매일매일 애써야 할 사목적 노력과 여러 계획에 영향을 미치는 것은 아닙니다. 오히려 기도의 해는 다양한 사목적 계획을 세우고 행하며, 일관성을 유지하게 하는 원천을 상기시켜 줍니다. 기도의 해는 개인적으로든 공동체적으로든 다양한 형태와 표현을 통해 기도하는 기쁨을 다시 찾을 수 있는 시기입니다. 우리 신앙의 확신과 성모 마리아와 성인들의 전구에 대한 신뢰를 키우는 의미 있는 때이기도 합니다. 달리 말하면 거의 "기도의 학교"를 경험할 수 있는 해인 것입니다. 우리는 특히 기도하는 방식에 관해서는 그 무엇도 확실하거나 당연한 것으로 여기지 말고, "주님,

저희에게 기도하는 것을 가르쳐 주십시오"(루카 11,1)라고 간청한 제자들의 말을 자주 마음에 품어야 합니다.

기도의 해에 우리는 보다 겸손한 자세로 성령께 이끌려 기도의 못자리를 마련하도록 초대받습니다. 성령께서는 우리 마음과 입술에 올바른 말을 담아 주시어, 우리의 기도를 아버지께서 들으시도록 이끄십니다. 성령 안에서 드리는 기도는 예수님과 우리를 일치시키며 아버지의 뜻을 더욱 잘 따르도록 합니다. 성령께서는 우리가 가야 할 길을 가리키는 내면의 스승이기 때문에 개인의 기도가 보편 교회의 기도가 될 수 있고, 보편 교회의 기도가 개인의 기도 안에 담길 수 있습니다. 성령의 이끄심에 따른 기도만큼 신앙인들을 하느님의 한 가족으로 모이게 만드는 것은 없습니다. 하느님은 각자의 필요를 아시고 그 모두를 우리의 청원과 전구의 기도가 되게 하십니다.

   올 한 해 동안 저는 주교, 사제, 부제, 교리교사들이 이 절망의 시대에 울려 퍼지게 하려는 '2025년 희년' 희망의 선포를 위한 가장 적합한 길을 찾으리라 확신합니다. 그러므로 특히 관상 생활을 하는 공동체들을 비롯하여 봉헌 생활을 하는 수도자들의 기여가 매우 소중합니다. 아울러, 전 세계의 모든 성지와 피정지에서 순례자들을 배려함으로써, 그들이 평온한 마음을 지닐 수 있는 내적 정원을 발견하고 주님의 위로로 충만해져 떠날 수 있도록 돕기를 희망합니다. 우리 주 예수 그리스도의 뜻대로(루카 18,1) 낙심하지 않고 개인과 공동체의 기도가 끊임없이 바쳐질 때 하느님의 나라가 자라나고, 주님의 사랑과 용서를 간구하는 모든 이에게 복음이 선포될 것입니다.

이 기도의 해를 더욱 풍성하게 하기 위해 도움이 될 만한 소책자 몇 권이 여러 나라 언어로 마련되었습니다. 이 책들은 기도의 다양한 측면을 이해하고 실천하는 데 도움이 될 것입니다. 저는 저자들의 노고에 감사를 드리며 이제 기쁜 마음으로 독자들의 손에 이 책을 건넵니다. 이를 통해 우리 각자가 겸손하게 기쁜 마음으로 주님께 자기 자신을 맡기는 아름다움을 다시 발견하기를 바랍니다.
저를 위해서도 기도해 주시기를 부탁드립니다.

프란치스코 교황
Franciscus

여는 말

뿔 나팔 소리가 도성과 마을의 거리에 울리고, 그 메아리는 들판으로 퍼져 나갔습니다. '땅에 사는 모든 주민에게 해방'을 선포하는 50년째 해의 신호였습니다. 고대 이스라엘 사제들의 책인 레위기는 이렇게 안식년을 규정하고 있습니다(25장). 뿔 나팔이라는 단어에서 유래한 이 기쁨의 해는 히브리어로 '요벨*jobel*'이라고 일컬어졌습니다. 그리스도교에서도 여러 시대에 여러 방식으로 이와 유사한 일들이 이루어졌고 지금 우리도 2025년, 희년을 향해 가고 있습니다. 성경의 이스라엘 백성에게 희년은 농사를 짓지 않고 땅에서 저절로 자란 선물로 먹고살면서, 사람과 땅이 쉬는 때였습니다. 하지만 지금 우리가 거룩한 해를 맞아 체험하는 쉼은 다른 차원을 지닙니다. 이 안식은 강렬하고 짙은 영성의 시간으로서, 2가지 근본적 행위로 채워집니다.

첫째는 기도와 묵상입니다. 17세기 프랑스의 위대한 사상가요, 신앙인인 블레즈 파스칼은 이렇게 경고했습니다.

> 고대의 철학자들은 "너희 자신 안으로 들어가라! 거기에서 안식을 발견할 것이다"라고 말했다. 그러나 이것은 사실이 아니다. 또 어떤 이들은 "밖으로 나가라! 거기에서 즐기며 행복을 찾아라" 하고 말한다. 그러나 이것은 사실이 아니다. 행복은 우리 밖에도 없고 우리 안에도 없다. 행복은 하느님 안에 있다. 그때서야 비로소 행복이 우리 밖과 안에 있게 될 것이다(《팡세》, 391).

이것이 제가 말하려는 메시지입니다. 이 책은 모든 그리스도인이 시편집을 들고 희년으로 들어가도록 초대합니다. 시편집은 기도하며 머무르려는 목적에 탁월한 책이고, 침묵 속에 관상하는 성경의 책입니다. 이 책은 시편들을 통하여 '하느님께 아름답게 노래하기' 위한 안내서입니다.

아우구스티누스 성인이 말했듯이 "인간의 위대한 업적은 하느님을 찬양하는 것입니다."

하지만 이와 더불어 기도에서 피어나는 행위요, 이 거룩한 시기를 '주님의 은총의 해'로 만드는 또 하나의 행위가 있습니다. 고대 이스라엘에서는 희년에 종들을 해방하였습니다. 이것은 예수님께서 고향 나자렛 회당에서 설교하실 때, 이사야 예언서를 인용하며 암시하신 내용이기도 합니다. 기도, 노래, 전례는 향과 초와 예식들 사이에서 이루어지는 신성한 오아시스에 우리를 가두어 두지 않습니다. 오히려 우리가 광장과 역사 속으로 들어가도록 초대합니다. 그리스도께서는 이렇게 말씀하십니다.

> 주님께서 나에게 기름을 부어 주시니 주님의 영이 내 위에 내리셨다. 주님께서 나를 보내시어 가난한 이들에게 기쁜 소식을 전하고 잡혀간 이들에게 해방을 선포하며 눈먼 이들을 다시 보게 하고 억압받는 이들을 해방시켜 내보내며 주님의 은혜로운 해를 선포하게 하셨다(루카 4,18-19).

주님은 우리에게 악과 공격성, 증오와 불의의 길에서 멀리 떨어져, 고통받고 소외된 형제자매들 안에서 그리스도의 얼굴을 알아보고, 사랑과 연대의 길을 결연히 걸어갈 것을 요청하십니다. 이제 살펴보겠지만, 시편은 기도하는 사람을 일상의 현실에서 떠나게 하여 신화적이거나 아련한 신비적인 하늘로 떠오르게 하는 책이 아닙니다. 때로는 거친 역사의 길을 걸어가게 하고, 축제의 날에도 캄캄한 시련의 밤에도 신앙을 살도록 초대합니다. 시편집은 언제나 "내 아버지와 어머니가 나를 버릴지라도 주님께서는 나를 받아 주시리라"(시편 27,10)라는 확신으로 사회적 존재의 시끌벅적한 삶, 노동과 소소한 일상, 웃음과 눈물, 개인적·민족적 비극 위에 그 노래들을 펼쳐 놓습니다.

 이 작은 시편 안내서는 4가지 핵심을 담고 있습니다. 먼저 영혼의 호흡인 기도에 관한 일반적 고찰을 시작으로, 시편 본문들을 개관합니다. 이어서 두 주인공인 하느님과 기도자, 그리고 악의 실재에 관해 서술하고, 마지막으로 전통과 전례에서 특히 소중히 여겨지는 시편들을 짧게 해설합니다. 모든 그리스도인이 제2차 바티칸 공의회가 정의한 바와 같이 "기도의 놀라운 보물"(〈계시 헌장〉 15항)인 시편집에서 충만하게 물을 길어 올리기를 바랍니다.

잔프랑코 라바시

제1장

기도, 영혼의 호흡

19세기 철학자 쇠렌 키르케고르는 자신의 일기에서, 영성 전통에서 사랑받아 온 상징을 이렇게 설명합니다.

> 기도는 호흡이라고 한 고대인들의 말은 적절합니다. 이 말은 기도하는 이유를 말하려는 것이 얼마나 어리석은지 알려 줍니다. 왜 숨을 쉽니까? 숨을 쉬지 않으면 죽기 때문입니다. 기도도 마찬가지입니다.

기도는 영혼을 숨 쉬게 하는 산소와 같습니다. 성사가 영의 양식이라면, 기도라는 호흡은 종교적 체험 전체를 앞서가고 그것을 동반합니다. 그래서 유다교 전통에서 기도는 '인간 삶의 큰 보상'이라고 여겨집니다.

✻ 기쁜 찬미의 노래

이스라엘과 그리스도교의 탁월한 기도인 시편은, 동물부터 하늘의 별들에 이르기까지 모든 피조물을 하느님 찬미에 참여시킵니다. 다음으로 넘어가기 전에 먼저, 우리는 지구 전체로 확장되어 여러 세기에 걸쳐 계속된 광대한 지평을 잠시 둘러보고자 합니다. 기도의 세계는 여러 종교에서 수천 가지 형태로 나타납니다. 때로는 예기치 못한 방식으로, 신앙이 없는 이들 사이에서는 신이 없는 하늘을 향하여 부르짖거나 간청하는 모습으로도 드러납니다. 예를 들어, 무신론자였던 20세기 러시아의 작가 알렉산드르 지노비예프는 이렇게 기도했습니다.

> 나의 하느님, 간청합니다. 당신이 존재한다는 것을 최소한 조금이라도 느낄 수 있게 해 주십시오. 당신이 할 일은 일어나는 일을 뒤따라가는 것밖에는 없을 것입니다. 큰일은 아니지요. 주님, 저를 바라봐 주십시오. 증인 없이 사는 것은 지옥입니다. 그래서 목청껏 외칩니다. 나의 아버지, 간청합니다. 존재해 주십시오!

그러나 믿는 이들에게 기도는 이보다 훨씬 중요합니다. 앞서 말했듯이 영적으로 살아 있기 위해서, 더 나아가 육적으로도 살아 있기 위해서 기도는 반드시 필요합니다.

이 소책자는 시편집에 서로 대조되는 색채를 띠는 두 영역이 있음을 지적하는 데만 그칠 것입니다. 그 두 영역을 따라가다 보면 다양한 기도의 길이 나타납니다. 첫째는 색채의 표상을 사용한다면 강렬하고 뜨겁고 기쁘고 조화로운 '붉은' 길이라고 할 수 있는 찬미의 노래입니다. 이는 찬양, 경배, 감사, 기념, 그리고 하느님과 그분의 작품에 대한 관조입니다. 우리가 하느님을 현양하는 것은 어떤 특별한 선물을 얻기 위해서가 아니라, 그저 그분께서 존재하시고 말씀과 행적으로 당신 자신을 계시하시기 때문입니다. 가장 일반적이고 문학적인 표현은 인류의 모든 예배에서 나타나며, 이제 보게 될 것처럼 시편집에서 중요한 자리를 차지하는 찬양입니다. .

찬양을 이상적으로 표현한 단어는 '할렐루야'입니다. '할렐루야'는 히브리어로 '주님을 찬미하라'는 뜻이며, 몇몇 시편들을 묶어 주고, 기쁨이 넘치는 우리의 전례에서도 사용됩니다. 이 노래는 찬미로 확장됩니다. "내 영혼아, 주님을 찬미하여라. 내 안의 모든 것들아, 그분의 거룩하신 이름을 찬미하여라"(시편 103,1). 그분의 구원에 감사하기도 하고, 영혼의 갈망을 표현하기도 합니다. "하느님, 당신은 저의 하느님, 저는 당신을 찾습니다. 제 영혼이 당신을 목말라합니다"(63,2). 아마도 그리스도교 최고의 찬가는 대영광송이나 예수님의 기도(마태 11,25)에서 볼 수 있을 것입니다.

✱ 고통스러운 간청

그러나 우리가 건너가야 하는 다른 영역의 기도가 있습니다. 다시 색채의 표상을 사용한다면 그것은 '보랏빛'입니다. 이는 색채의 스펙트럼에서 붉은색의 반대쪽 끝에 있으며, 차가운 면을 지니고 있습니다. 고통, 눈물, 하느님의 부재로 체험되는 공허한 침묵이 있으나, 그 속에서도 하느님을 향하여 부르짖습니다. 이것은 시편들에서도 나타나는, 흔히는 어떤 줄거리를 따라 전개되는 간청 혹은 탄원입니다. 때로는 고통스러운 현재를 과거에 대비하거나, 해방을 바라면서 미래를 내다봅니다. 기도하는 '나'에 대립하는 '타자'가 있으며, 그 타자는 흔히 원수로 표현된 악입니다. 마지막에는 드높은 '다른 분'인 구원자 하느님의 개입을 호소합니다.

반대자는 미움, 질병, 시련 등으로 우리 바깥에 있기도 하지만, 때로는 우리의 영혼과 삶 안에 들어와 있는 죄인 경우도 있습니다. 이 경우 하느님께 용서를 청하고 자기 잘못을 고백하며, 하느님의 의로우심을 인정하고 그분의 선하신 자비에 의탁합니다. 라틴어판 전례서에서 '미세레레Miserere'("저를 불쌍히 여기소서")라는 첫 단어로 일컬어지는 시편 51편의 영적 힘과 시적 힘은 누구나 인정합니다. 이렇게 간청은 다양한 형태를 지니며, 예수님은 하느님 마음의 문을 열기 위한 열쇠로 이를 사용하도록 권고하셨습니다. "찾아라, 너희가 얻을 것이다. 문을 두드려라, 너희에게 열릴 것이다"(마태 7,7). "너희가 내 이름으로 아버지께 청하는 것을 그분께서 너희에게 주시게 하려는 것이다"(요한 15,16).

그리스도교의 특징적 기도인 '주님의 기도'는 기도의 이 2가지 색채를 놀랍게 요약합니다. 처음 3가지 청원은 하느님, 그분 자신("이름")과 그분이 역사 안에서 세우시려는 사랑과 정의의 나라, 그분의 구원 의지에 대한 찬양으로 그 내용이 탁월합니다. 그다음 4가지 청원은 매일의 양식과 죄의 용서, 유혹과 악에서의 해방을 얻기 위한 간청입니다. 찬양과 간청이 결합된 주님의 기도는 기도의 또 다른 핵심적 차원을 이해하게 해 줍니다.

그것은 바오로 사도가 로마의 신자들에게 권고하며 표현한 내용입니다. "여러분의 몸을 하느님 마음에 드는 거룩한 산 제물로 바치십시오. 이것이 바로 여러분이 드려야 하는 합당한 예배입니다"(로마 12,1). 셈족 세계에서 몸은 영혼에 대립하는 실재가 아니라 인격 전체를 나타내는 통합적 표현입니다. 그래서 유다인은 기도하면서 마치 자신의 전 존재를 기도에 참여시키듯이 몸을 흔들어 모든 관절을 움직입니다. 그래서 예언자들은 삶과 동떨어진 순전히 내적이기만 한 예배에 반대했습니다. 아모스 예언자는 이 점을 지극히 명료하게 요약합니다. "너희의 시끄러운 노래를 내 앞에서 집어치워라. 너희의 수금 소리도 나는 듣지 못하겠다. 다만 공정을 물처럼 흐르게 하고 정의를 강물처럼 흐르게 하여라"(아모 5,23-24).

예수님도 기도와 삶, 전례와 사랑을 긴밀하게 결합하셨습니다. "나에게 '주님, 주님!' 한다고 모두 하늘 나라에 들어가는 것이 아니다. 하늘에 계신 내 아버지의 뜻을 실행하는 이라야 들어간다. 그러므로 네가 제단에 예물을 바치려고 하다가, 거기에서 형제가 너에게 원망을 품고 있는 것이 생각나거든, 예물을 거기 제단 앞에 놓아두고 물러가 먼저 그 형제와 화해하여라. 그런 다음에 돌아와서 예물을 바쳐라"(마태 7,21; 5,23-24).

기도는 마술이 아니라 삶 전체에 영향을 미치는 선택입니다. 전례가 노래와 향으로 이루어지는 성전 예식의 신성한 오아시스의 역할에만 그쳐서는 안 되는 것과 같으니다. 광장으로, 곧 일상 속으로 퍼져 나가야 합니다. 사회적 책임과 삶의 모순들, 선과 악, 그리고 정의와 불의를 식별하고 결단하도록 빛을 비추어야 합니다.

제2장

시편으로 기도하기

아우구스티누스 성인은 시편 138편을 주해하다가 이렇게 외쳤습니다.

> 내 시편집이여, 내 기쁨이여!

150편의 노래로 이루어진 시편집의 원문은 히브리 단어 19,351개로 구성되어 예레미야서와 창세기 다음으로 분량이 많습니다. 제2차 바티칸 공의회가 〈전례 헌장〉 84항에서 말하듯이, 시편집은 여러 세기 동안 "신랑에게 이야기하는 신부(교회)의 목소리"로서 예루살렘 성전과 유다교 회당의 전통을 이어 왔습니다.

전통에 따라 이 기도시 모음에 붙은 제목들은 의미가 깊습니다. 히브리어로 '터힐림Tehillim'은 '찬양가들'이라는 뜻으로, 신자들이 주님을 기림을 의미합니다. 그리스어 '프살모이Psalmoi'는 음악 연주를 시사하며, 라틴어 '프살테리움Psalterium'과 현대 여러 언어의 시편 이름이 여기에서 나왔습니다.

✲ 시편집이라는 건물

시편집을 소개하는 목적은 시편집 여러 부분의 형성과 이들이 단일한 작품으로 편집된 과정에 관한 복잡한 역사비평적 문제들을 다루거나, 개별 노래들을 주석적으로 분석하려는 것이 아닙니다. 전통적으로는 다윗 임금이 시편을 썼다고 전해지지만, 시편들은 여러 시대에 살았던 하느님 백성이 표현해 온 그들의 신앙입니다. 그래서 성경을 라틴어로 번역한 히에로니무스 성인은 시편을 건물에 비유하면서, 이 건물에 들어가려면 시편에 영감을 주신 성령이라는 대문 열쇠뿐만 아니라 각각의 방, 곧 개별 시편에 대한 고유한 열쇠가 필요하다고 말했습니다.

 이 책에서는 전반적인 안내만 할 것입니다. 이는 마치 모세가 느보산에서 약속의 땅을 바라보는 것과 같습니다. 시편집 전체가 드러내는 주제의 특징을 개관함으로써 시편을 그리스도인의 기도와 삶 안에서, 특히나 희년처럼 강렬하고 중요한 시기에 되새기고 체현할 수 있게 하고자 합니다. 이로써 20세기의 유다인 신학자이자 신비주의 작가인 아브라함 J. 헤셸이 말한 것처럼, 시편은 "매일의 노래, 매일을 위한 노래"가 될 것입니다.

시편집에 대한 설명을 시작하기 전에, 부수적이고 외적인 사항이지만 개별 시편을 사용하기 위하여 필요한 문제인 시편 번호에 관하여 언급하고자 합니다. 이 책에서는 현재 사용하는 성경들처럼 히브리어 시편 번호를 사용하는데, 시편 10편 이후로는 히브리어본의 숫자가 라틴어본보다 하나 더 큽니다(라틴어본은 지금도 전례에서 사용된다). 이러한 차이가 발생하는 까닭은 시편 9편과 10편이 그리스어본과 라틴어본에서는 9편 하나에 합쳐졌기 때문입니다. 예고한 바와 같이, 이제는 이 기도 노래들의 다양한 어조와 주제, 이들이 드러내는 다양한 문학 유형으로 눈길을 돌려 봅시다.

✻ 시편집의 여러 얼굴

시편은 기본적으로 상징을 사용하는, 동방의 다채롭고 이국적인 언어로 가득하며, 고유한 문학 형태를 지니고 있습니다. 예를 들어 병행 대구가 중요하게 사용되는데, 여기에서는 같은 개념을 비슷하지만 서로 다른 형태로 두세 번 되풀이하여 말합니다. 시편의 표상에서는 주님이 "빛을 겉옷처럼 두르시고", 당신의 어좌가 있는 하늘까지 올라가시고, 죽은 이들의 세계인 셔올*sheol*까지 내려가십니다. 셔올은 저승이고 심연으로서, 혼령들이 머물며 침묵 속에 잠겨 있습니다.

 시편 저자의 눈길은 언제나 맑은 동쪽 하늘에 높이 솟아 있는 레바논의 거대한 향백나무를 향하지만, 성벽의 돌 틈에서 자라나는 약한 식물인 우슬초에도 머뭅니다. 강력하게 숲을 뒤흔드는 폭풍(시편 29편), 사막의 광야, 동물, 민족의 역사적 사건들에서 아기를 품에 안은 어머니의 감미로운 정경(시편 131편)까지, 약속된 땅 전체의 지리적이고 사회적인 모든 광경이 시편에서 그려집니다. 우리는 이를 살펴볼 것입니다.

시편은 전례에서 노래하고 연주하기 위한 시이고, 여러 시편의 첫머리에 붙은 머리글에서 흔히 나타나듯이 이미 알려진 가락에 맞추어 노래로 바치는 기도입니다. 그래서 선창자가 하느님께서 이스라엘의 역사 안에 흩어 놓으신 선물들을 노래하기 시작하면, 전례 회중은 이에 응답하여 "주님의 자애는 영원하시다"(시편 136편)라는 후렴구를 반복합니다. 성전과 공동체의 예식은 시편집의 중심이며, 그래서 시편은 이스라엘의 공식 기도와 그리스도교의 '교회적' 기도를 위한 본문이 됩니다.

히브리인들은 시편집을 다섯 권으로 나누었고(시편 1-41; 42-72; 73-89; 90-106; 107-150편), 이로써 하느님께서 토라, 곧 성경의 첫 다섯 책(창세기, 탈출기, 레위기, 민수기, 신명기)에서 하신 커다란 다섯 '말씀'에 응답하는 충실한 이스라엘의 다섯 '말씀'을 대응시킵니다. 이렇게 하여 하느님과 인간의 대화가 생겨나고, 하느님의 말씀과 인간의 말이 서로 만납니다. 하느님의 말씀은 육화하시고, 인간의 말은 신적인 것이 됩니다.

 시편은 인간의 삶 위에, 슬픔과 축제, 정치와 내적 애정 위에 펼쳐집니다. 거리와 성읍의 소음은 사그라들지만, 그렇다고 해서 모든 것이 고요하고 모든 것이 잊히는 침묵의 은수처로 들어가듯이 사라지지는 않습니다. 거의 천 년에 이르는 이스라엘 역사를 포함하는 이 본문들은 기도의 본보기일 뿐만 아니라 삶의 본보기이기도 합니다. 이에 관하여 유다 전통의 유명한 비유를 인용할 수 있습니다. 나뭇잎을 빛에 비추어 보면 그 잎을 구성하는 조직에 양분을 주고 지탱해 주는 잎맥이 드러납니다. 이 잎맥과 같이 시편은 삶의 구체적인 현실을 공허하게 만들지 않으면서도 그 안에 퍼져서 삶을 지탱하고 삶에 양분을 줍니다. 여기에서 흘러나오는 신비는 흐릿하게 사라지거나 영적으로 막연한 것이 아니고, 일상을 살아가는 인간처럼 풍미와 피와 몸을 지니고 있습니다.

 그러므로 시편은 자신의 역사 안에서 진실한 마음으로

하느님을 찾는 이들의 거울입니다. 이스라엘의 신앙 고백도 추상적인 신앙 조목들이 아닌, 하느님께서 여러 세기에 걸쳐 그분 백성을 위해 이루신 행위들로 되어 있습니다(신명 26,5-9; 여호 24,2-13; 시편 136편). 성경에서 가장 완전한 신앙 고백이자 최고의 기도는 하느님의 위대한 업적들을 인정하고 고백하고 묵상하는 것입니다(시편 78; 105; 106편을 읽어 보라). 그러므로 시편이 제시하는 기도의 여정은 인간의 길, 우리의 시간, 그리고 우리가 거쳐야 하고 그 안에서 임마누엘 하느님의 현존을 발견해야 하는 인간 역사의 순간들과 연결되어 있습니다. 이제 그 주된 길들을 따라가 봅시다.

✱ 무지갯빛 시편 기도

프랑스 시인 폴 클로델은 시편집의 연속된 기도를 무지개 색깔의 표상에 따라 표현했습니다. 시편집을 구성하는 150편의 노래는 참으로 걱정, 기쁨, 희망, 슬픔, 괴로움, 그리고 다양한 마음 상태로 이루어진 무지개의 모습을 보여 줍니다. 학자들이 '문학 유형'이라고 부르는 몇몇 형태나 모델을 통하여 가장 특징적인 색깔들을 찾아봅시다.

위기

시편에는 고통의 색깔이 지배적으로 나타납니다. 기쁨의 색깔보다 분명 더 많습니다. 시편집의 거의 3분의 1이 탄원과 고통을 특징으로 합니다. 삶에 행복보다 어둠이 더 많은 것과 마찬가지입니다. 이 위기들은 때로는 중대한 병, 민족적 비극이며, 무관심과 미움, 심지어 폭력과 박해의 장벽을 만드는 화해할 수 없는 적이기도 합니다(예를 들어 시편 7,2; 35,19; 38,20; 69,5; 86,14.17; 142,7). 성경은 이를 "원수"라 부르며, 이들은 기도자와 하느님과 더불어 모든 탄원 시편 속 드라마의 세 인물을 구성합니다. 때로 이 원수는 기도하는 사람의 내면에 자리하기 때문에 더욱 위험합니다. 인간은 죄로 인해 하느님의 침묵이라는 비극을 경험하게 됩니다(시편 38; 51; 130편).

한편 신앙인이 고통스럽게 체험하는 신앙의 위기에 대해 다루기도 합니다. 시편 73편에서와 같은 "의롭지만 죽어 가는 의인이 있고 사악하지만 오래 사는 악인이 있다"(코헬 7,15)라는 구절을 볼 때, 신앙인은 깊은 고민에 빠집니다. 불의와 무죄한 고통이라는 걸림돌로 인하여, 기도자의 입에서는 "주님, 언제까지 보고만 계시렵니까?"(시편 35,17)라는 영원히 의문형으로 남을 질문이 나오게 됩니다. 고통 속에서 기도는 과감해지고, 욥(3장)과 예레미야(20,7 이하)의 부르짖음처럼 비탄에 찬 마음을 노골적으로 드러냅니다. 이 시편들은 첫마디에서 주님의 이름을 고통스럽게 부릅니다(예를 들어 시편 3,2; 6,2; 7,2).

그러나 시편 기도에는 언제나 기도하는 사람의 확신이 담겨 있습니다. 침묵하시고 멀리 계신 하느님, 무관심하게까지 보이는 하느님이 결국 개입하시고 간청을 들어주신다는 것입니다. 성경에는 완전한 절망과 자기 멸망이 없습니다. 모든 탄원 시편의 끝에서는 언제나 미래의 해방을 내다봅니다(유일한 예외는 시편 88편일 텐데, 이 시편은 뒤에서 다시 다룰 것이다). 그러므로 이 간청의 암흑색 다음에 바로 다른 색을 배치해야 합니다.

희망, 신뢰, 감사

시편 기도는 실상 성경의 믿음 개념에서 나오는 찬란한 희망과 신뢰의 흐름에서 비롯됩니다. 믿음을 뜻하는 히브리어 동사의 본래 의미에서처럼(그 동사는 우리가 사용하는 단어인 '아멘' 안에 들어 있다), 흔들릴 수 없는 안정된 바위에 기초를 두는 것입니다. 믿음은 의심의 모래 위가 아닌 "이스라엘의 희망"(예레 14,8)이신 하느님 위에 집을 짓는 것입니다. "주님께 피신함이 더 낫네, 사람을 믿기보다"(시편 118,8). 신앙인은 위기와 고통의 어두운 터널을, 그것이 무無로 끝나지 않고 평화와 기쁨으로 끝나리라는 확신을 품고 지나갑니다.

강렬한 태양이 내리쬐는 광야의 황량한 들판 길에서

안전하게 목자의 인도를 받는 양 떼의 표상(시편 23편)과 앞서 인용한 "어미 품에 안긴 젖 뗀 아기"의 표상(시편 131,2)은 하느님을 신뢰하는 기도자의 태도를 보여 주는 상징입니다(시편 4; 11; 16; 27; 46; 62; 115; 125; 129; 131편 참조). "저희 선조들은 당신을 신뢰하였습니다. 신뢰하였기에 당신께서 그들을 구하셨습니다. 당신께 부르짖어 구원을 받고 당신을 신뢰하여 부끄러운 일을 당하지 않았습니다"(시편 22,5-6).

희망은 짧은 시련의 기간이나 지상의 사건들을 견디는 것만이 아니라, 점차로 인간 삶의 굴곡 전체에 스며들어 죽음의 순간에까지 이릅니다. 죽음은 더는 소멸이나 어둠이 아니라 "생명의 길, 당신 면전에서 넘치는 기쁨, 당신 오른쪽에서 길이 평안을 누림"(시편 16,11; 참조 49; 73편)이 됩니다. 이는 지상 생활 동안 하느님의 말씀에 충실하여 이미 꽃핀 그분과의 영원한 친교라는 주제입니다.

몇몇 시편에서 특별한 주제인 이 신뢰는 공동체와 개인의 감사를 고취하고 가능하게도 하는데, 감사는 여러 시편의 기초가 됩니다(시편 9-10; 30; 32; 34; 65-68; 92; 116; 118; 124; 138편). 시편집에서 열거되는 수많은 탄원에 비하여 감사의 기쁨이 너무 적고, 덜 강렬한 어조로 표현된다는 사실에 놀랄 수도 있습니다. 분명 성경은 인간과 그의 현실을 증언하므로, 이러한 불균형은 슬프게도 인간 역사의 계속된 경험을 반영합니다. 사람들의 기억 속에서 감사하는 일은 도움을 청하는 일에 비하여 오래 가지 않습니다. 치유받은 나병 환자 열 사람 가운데 한 사람만이 "큰 소리로 하느님을 찬양하며 돌아와, 예수님의 발 앞에 엎드려 감사를 드렸다"(루카 17,15-16)라는 말씀처럼 말입니다.

그러나 앞서 말했던 것처럼, 성경 속 간청이 이미 감사를 선취하고 행복이 이미 문 앞에 와 있다는 신뢰에 찬 확신으로 끝난다는 점도 잊지 말아야 합니다. "하느님께서 당신께 선택된 이들이 밤낮으로 부르짖는데 그들에게 올바른 판결을 내려 주지 않으신 채, 그들을 두고 미적거리시겠느냐?"(루카 18,7). 주님께 충실한 이가 그분께 드리는 마지막 말씀은 언제나 평화와 평온함입니다. 그는 자신의 고통스러운 부르짖음이 허무하게 끝나지 않으며, 초월적인 귀가 그의 소리를 들으신다는 것을 알기 때문입니다. "제가 당신을 찬송하니 당신께서 제게 응답하시고 제게 구원이 되어 주셨기 때문입니다"(시편 118,21).

흠숭과 열정의 기도

이것은 순수한 상태의 기도의 본보기로서, 자발적이고 자유롭게 하느님을 찬미합니다. 이에 대해서는 이미 살펴보았습니다. 주석가들은 이를 찬양 시편이라고 정의합니다. 여기에는 감사 시편과 달리 기도의 바탕이 되는 구체적인 동기가 없습니다. 자신이 받은 특정한 선물에 대해 언급하지도 않습니다. 단순히 하느님께서 현존하시고 살아 계시며 통교하신다는 사실에 감사를 드리고, 하느님의 영원하고 지속적인 사랑을 바라보며, 특히 자연 안에서 펼쳐 보이시는 그분의 영광을 기립니다.

이렇게 해서 창조주에 대한 찬양이 생겨납니다. 여기에서는 우주의 모든 실재를 감싸는 장엄함과 광채에 대한 놀라움이 나타나며, 때로는 우주의 가장 매력적인 존재로서 "신들보다 조금만 못하게"(시편 8,6) 만드신 인간에게 관심이 집중됩니다. 찬양 시편 중에서도 특별히 언급할 만한 구절은 인간의 위대함을 노래하는 시편 8편과 '일곱 천둥의 시편'이라고 일컬어지는 29편입니다. 이 시편은 폭풍우에 관한 시나리오를 담고 있으며, 일부 학자들은 시편집에서 가장 오래된 본문 가운데 하나로 봅니다. 또 외부에서 들어온 주제를 기초로 하지만, 그 주제는 이스라엘에서도 강력하고 지속적으로 나타납니다. 한편 시편 103편 또는 104편은 '유일신 신앙을 가진' 고대 이집트의 파라오 아메노피스 4세(아케나톤)가 쓴 찬가의 영향을 간직하고 있는 것으로 보입니다.

다른 작품들은 역사 안에서 현존하시는 하느님을 기립니다. 하느님은 그 역사를, 그분의 아드님 예수 그리스도가 세울 마지막 나라를 향하여 이끄십니다. 이 작품들은 하느님의 통치 시편으로서 "주님은 임금이시다"라는 열정적 환호가 주기적으로 나타납니다(시편 93,1; 96,10; 97,1; 99,1). 하느님의 통치는 영원하고(시편 93편) 보편적인 것으로 인정됩니다(시편 94,2; 96,10). "하늘은 기뻐하고 땅은 즐거워하며 바다와 그 안에 가득 찬 것들은 소리쳐라. … 주님 앞에서 환호하여라. 그분께서 오신다, 세상을 다스리러 그분께서 오신다"(시편 96,11-13).

마지막으로 찬양의 또 다른 중심은 시온입니다. 시온은 모든 유다인의 마음을 매혹하는 극점입니다(시편 46; 48; 76; 84; 87; 122편). 성전이 세워진 언덕은 예루살렘에서 평화를 되찾기를 갈망하는 유다인들과 온 인류가 이루는 순례의 역동적인 흐름이 모여드는 지점입니다("그분께서 세상 끝까지 전쟁을 그치게 하시고 활을 꺾고 창을 부러뜨리시며 병거를 불에 살라 버리시네": 시편 46,10; 참조 이사 2,1-5). 순례자의 놀란 눈앞에 "지극히 높으신 분의 거룩한 거처"(시편 46,5)가 나타나자마자 희망이 다시 샘솟습니다. "만군의 주님께서 우리와 함께"(시편 46,12) 계시며, "주님께서

야곱의 모든 거처보다 시온의 성문들을 사랑"(시편 87,2)
하시기 때문입니다.

　찬양 시편에서는 인간의 감정, 기대, 약함, 위대함이 모두 초대되어 할렐루야 또는 '주님의 자애는 영원하시다'라는 후렴구로 이루어진 장엄한 축제에 참여하게 됩니다. 이는 이미 살펴본 바대로 시편 136편 전체에 걸쳐 반복됩니다. 이로써 인간의 실존 전체는 "하느님 마음에 드는 거룩한 산 제물"(로마 12,1)이 됩니다. 그리스도교는 이 내용을 다음과 같이 해석합니다. 인간은 찬미와 흠숭의 기도 안에서 점점 더 "아버지께서 저에게 하라고 맡기신 일을 완수하여, 저는 땅에서 아버지를 영광스럽게 하였습니다"(요한 17,4) 하신 그리스도를 닮아 갑니다.

전례 기도

앞서 말했듯이 성전이 자리한 시온 언덕은 유다교 신앙인에게 언제나 기준점이요, 모이는 지점이 됩니다. "'주님의 집으로 가세!' 사람들이 나에게 이를 제 나는 기뻤네"(시편 122,1). "만군의 주님 저의 임금님, 저의 하느님 당신 제단 곁에 참새도 집을 마련하고 제비도 제 둥지가 있어 그곳에 새끼들을 칩니다"(시편 84,4). 성전 전례가 이스라엘의 사회적·개인적 삶 전체의 최고 종합이라면, 시편집에 전례 예식의 단편이 이렇게 조금밖에 남아 있지 않은 것은 놀라운 일입니다. 그러나 많은 시편이 예식에서 생겨난 단락들을 포함하고, 시편 모음집 전체가 나중에 유다교 예배와 그리스도교 예배의 기초가 된 점도 잊지 말아야 합니다.

그러므로 시편 기도가 지금도 전례 안으로 흘러들어 그 안에서 강하게 표현되는 것은 자연스러운 일입니다. 공동체 없이 고립된 채 혼자 기도하는 개인은 없습니다. 그 개인은 언제나 계약의 하느님, 이스라엘을 선택하신 하느님과 대화하는 선택된 백성의 일원입니다. 계약과 '거룩한 민족'이라는 후광이 주님께 목소리를 높여 기도하는 모든 사람을 감쌉니다.

특히 시편 15편과 24편은 그리스도교에서 말씀과 성찬의 전례를 거행하기 전에 하는 참회 예식처럼, 전례를 준비하는 사람이 지녀야 할 진정한 자세를 제시합니다. 전례가 가식이나 주술이 되지 않으려면 그 전례는 삶에, 하느님과의 관계에, 그리고 정의와 사랑과 충실함 안에 이루어지는 이웃과의 관계에 뿌리를 두어야 합니다. 이는 많은 예언자가 한결같이 강조한 핵심 메시지입니다(이사 1,10-20; 아모 5,21-24; 호세 6,6; 미카 6,6-8; 예레 6,20). 십계명의 종교적이고 공동체적인 요구 사항들은 우리의 예식과 기념 행위들이 진실한지를 확인하는 기준이 됩니다(시편 50; 52; 53; 75; 81; 95편도 참조).

예배는 내적 충실성과 사회적 충실성, 영성과 연대성의 책임을 회피하기 위한 구실이 될 수 없습니다. 이웃에 대한 정의가 없다면 예배만으로는 충분치 않습니다. "주님, 누가 당신 천막에 머물 수 있습니까? 흠 없이 걸어가고 의로운 일을 하는 이"(시편 15,1.2). "하느님께 맞갖은 제물은 부서진 영. 부서지고 꺾인 마음을 하느님, 당신께서는 업신여기지 않으십니다"(시편 51,19). 이 시편들에 대한 주해의 본보기는 미카 예언자의 말에서 찾을 수 있습니다. "내가 무엇을 가지고 주님 앞에 나아가고 무엇을 가지고 높으신 하느님께 예배드려야 합니까? 번제물을 가지고 일 년 된 송아지를 가지고 그분 앞에 나아가야 합니까? 사람아, 무엇이 착한 일이고 주님께서 너에게 요구하시는 것이 무엇인지 그분께서 너에게 이미 말씀하셨다. 공정을 실천하고 신의를 사랑하며 겸손하게 네 하느님과 함께 걷는 것이 아니냐?"(미카 6,6.8).

정치·문화 생활과 기도

시편에는 연대를 추정할 수 있는 사건들과 민족적 재앙이 반영되며(시편 78편과 소위 공동 탄원 시편이라고 하는 시편 44편 등), 무엇보다 다윗의 후손인 임금에게 주의를 기울이는 일련의 시편이 있습니다. 이는 아마도 임금의 즉위식과 대관식 전례에 사용되었을 것입니다(시편 2; 18; 20; 21; 72;

89; 101; 110; 132편).

유다인들이 자신의 역사에 갖는 관심은 역사 시편에도 증언되어 있지만(시편 78; 105; 106; 111; 114; 135; 136편), 그들 국가의 연대기를 작성하거나 이스라엘이 개입된 정치·사회·경제적 사건들을 기록하려는 단순한 갈망을 넘어섭니다. 다윗 왕조를 거치면서 정치 무대에 차례로 등장했던 인물들은 흔히는 두드러지지 않는 죄인이었으며, 오히려 그래서 하느님의 현존을 더 결정적으로 드러내 주었습니다. 하느님은 이 약하고 불완전한 도구들을 통하여 구원 역사를 더 높은 곳을 향해 이끄십니다. 지금 다윗의 왕좌에 앉아 있는 '기름부음받은이'(히브리어로 "메시아")는 그의 약함과 불충실함이라는 한계 속에서도 유다 임금보다 더 높은 의미에서 최종적인 '기름부음받은이-메시아', 하느님 아드님의 오심을 선포하고 이를 기다리게 합니다(시편 2,7 참조). 그리스도교에서 그리스도에 비추어 군왕 시편을 읽을 때, 이 시편들은 이러한 충만하고 완전한 의미를 얻습니다.

신앙인이 겪는 사회적 체험은 그 자율성과 현실성, 특수한 성격들을 보존하면서도 기도 안에서 조명됩니다. 하느님을 만나는 인간은 추상적 존재가 아니라 "그곳을 일구고 돌보게"(창세 2,15) 땅에 데려다 두신 피조물입니다. 그러므로 인간은 자신의 문화적 배경과 지성을 가지고 하느님께 나아갑니다. 성경은 이를 지혜라고 부르는데, 지혜는 교육의 모든 분야를 포괄하는 인간적 자질입니다. 여기에는 사회(정의, 슬기, 자비, 교육), 윤리(계명, 이웃 관계), 철학(무죄한 이의 고통, 변신론 곧 하느님의 정의와 악의 존재 문제, 응보), 종교(신학과 신비) 등의 주제가 포함됩니다.

소위 지혜 시편은 인간의 경험, 자신의 지성에 대한 숙고와 실재를 더 잘 이해하고 공동체와 개인의 삶에서 생겨나는 질문들을 탐구하는 데 도움이 되는 소양과 사고를 다룹니다(시편 90; 37; 49; 73편). 이 시편들은 교리 교육이 되어 하느님의 뜻을 신학적으로 더 깊이 이해하게 해 주기도 합니다. 예를 들어 시편 119편은 하느님의 말씀인 율법을 기념합니다. 율법을 지칭하는 히브리어 단어 토라는 우리가 생각하는 것보다 더 넓은 의미를 지닙니다. 그것은 성경의 첫 다섯 권의 책들을 포괄할 뿐만 아니라, 더 일반적 의미에서 하느님 말씀의 계시와 이스라엘의 응답을 나타내기 때문입니다. 시편 119편은 하느님 법의 모든 차원을, 그 법이 지닌 모든 가치와 요구들을 포괄합니다. 이 시편이 율법을 정의하기 위해 사용하는 여러 단어가 이를 보여 줍니다(계명, 규범, 법규, 법령, 규정, 가르침, 법 등).

저주 시편

시편집에는 그리스도교 공동체에서 흔히 걸림돌이 된다고 느껴져 현재 전례에서 사용하지 않는 몇몇 시편이 들어 있습니다. 이들은 소위 저주 시편으로서, 그 악담들은 실제 역사에서 오히려 반대되는 예들이 많았지만, 그렇더라도 원수를 사랑하고 용서해야 할 그리스도의 제자를 당황하게 합니다. 저주 시편은 먼 고대의 문화와 배경을 표현하고 있으며, 글자 그대로 이해하기보다는 올바로 해석해야 합니다. 또한 동태복수법이 실제로는 분배 정의와 보상 정의의 요구에 부응하기 위한 것으로서, 죄에 상응하거나 동일한 벌을 가함으로써 악을 제거하려 했다는 점도 잊지 말아야 합니다.

그럼에도 불구하고 지금 우리는 하느님의 영감을 받은 이 본문들의 바탕을 이해해 보려고 합니다. 무엇보다 먼저, 이 말들은 인간 역사에서 잔인하고 폭력적으로 나타나는 악 앞에서 예언자들이 느낀 분노와 동일한 감정으로 가득 차 있습니다. 이것들은 정의에 대한 열렬한 갈망을 드러내며, 살과 피로 된 기도가 됩니다. 그 기도는 한 인간의 모든 것, 그의 육체와 감정, 정념과 이성 모두를 참여시킵니다. 예수님 자신도 때로는 위선과 불의에 진노를 드러내시며, 성전의 상인들에게 채찍을 드시거나(요한 2,13-22), 마태 23장에서 볼 수 있듯이 저주와 악담을 쏟으시기도 합니다.

또한 셈족의 상징적 문화에서는 추상적 개념을 잘 사용하지 않습니다. 따라서 악은 흔히 구체적인 원수로 의인화됩니다. 동방의 언어는 강한 표상과 표현, 강렬한 단어들을 즐겨 사용합니다. 이렇게 난폭한 어조는 시편 58편에서 부패한 권세가와 정치가들에게 퍼붓는 말에서 인상적으로 표현됩니다. "하느님, 그들 입안의 이를 부수소서. 주님, 사자들의 이빨을 부러뜨리소서. 흘러내리는 물처럼 그들은 사라지고 그들이 화살을 당긴다 해도 무디어지게 하소서. 녹아내리는 달팽이처럼, 햇빛을 못 보는, 유산된 태아처럼 되게 하소서. 가시나무 불이 너희 솥을 뜨겁게 하기도 전에 주님께서는 날로든 태워서든 그 안의 것을 없애 버리시리라. 의인은 복수를 보며 기뻐하고 악인의 피에 자기 발을 씻으리라. 그리하여 사람들이 말하리라. '과연 의인에게는 결실이 있구나. 과연 세상에는 심판하시는 하느님께서 계시는구나'"(7-12절).

격렬한 수사법, 폭력적 논쟁, 축복하거나 저주하는 말의 효능에 대한 셈족 문화의 확신이 이러한 저주의 바탕이 되는 사회심리학에 포함되지만, 간접적으로는 거기에 내재한 도덕을 보여 주기도 합니다. 그래서 마지막 외침에서는 땅 위에서 정의를 이루시는 하느님에 대한 신뢰를 말하고, 그분께 복수를 맡깁니다. 4세기 동방 교회의 교부인 요한 크리소스토무스 성인은 이 악담들이 하느님께서 "인간에게 맞추어 당신 자신을 낮추시어 아직 불완전한 인간의 언어와 개념과 진리들을 취하시는" 살아 있는 표지라고 보았습니다. 문제는 성경에 있는 거룩한 폭력에 대한 올바른 해석입니다(거룩한 전쟁, 지파 간의 분쟁, 하느님께 적용된 전투적 상징들). 이는 성경 계시의 역사적 단계에 속합니다.

하느님의 말씀은 완전하고 추상적인 신학적 공리가 아니라 인간 역사를 거쳐 온 진리로서, 그 역사의 빛과 아름다움과 사랑과 더불어 악과 피와 비참과 고통의 무게도 지고 있습니다. 이것은 실상 로고스, 곧 신적이고 초월적인 말씀을 인간 역사의 생생하고 종종 극적인 '육' 안으로 들어가게 하는 것입니다(요한 1,14). 이 신적 현존은 인격의 자유라는 실재를 감당해야 합니다. 이 자유는 하느님에 의해서 취소되거나 억압되지 않습니다. 하느님은 당신의 피조물이 선과 악으로부터 자유롭기를 원하셨고, 그래서 순종만 하는 것이 아니라 그분의 법을 위반하는 성향도 지니게 된 것입니다(창세 2-3장).

 그러나 하느님이 역사와 인간의 선택을 이끌어가고자 하시는 목표는 '죽음, 슬픔, 울부짖음, 괴로움이 없는'(묵시 21,4) 빛의 지평입니다. 그래서 바오로 사도는 신명기의 한 구절(32,35)을 인용하면서 그리스도인들에게 권고합니다. "사랑하는 여러분, 스스로 복수할 생각을 하지 말고 하느님의 진노에 맡기십시오. 성경에서도 '복수는 내가 할 일, 내가 보복하리라' 하고 주님께서 말씀하십니다." 그리고 다시 잠언의 한 구절(25,21)을 인용하여 말합니다. "'그대의 원수가 주리거든 먹을 것을 주고, 목말라하거든 마실 것을 주십시오.' … 악에 굴복당하지 말고 선으로 악을 굴복시키십시오"(로마 12,19-21).

제3장

시편,
하느님과 인간의 말

"성경에 기도책이 들어 있다는 사실은, 처음 보기에 당황스럽다. 성경은 전부 우리를 향한 하느님의 말씀이 아니던가? 기도는 인간의 말인데 어떻게 성경에 기도가 들어 있을 수 있는가? 성경이 기도책을 포함한다면, 우리는 하느님의 말씀이 그분께서 우리에게 건네시는 말씀뿐만 아니라 우리에게서 듣기를 원하시는 말씀도 포함한다는 결론을 내려야 한다." 1945년 나치에 저항하다 순교한 신학자 디트리히 본회퍼가 시편 기도에 관해 쓴 얇은 책에서 언급한 이 지적은 의미가 깊습니다.

✸ 하느님과 기도자의 만남

성경의 계시는 대화입니다. 하느님의 말씀에 인간의 말이 엮이고, 그 만남이 성령의 영감으로 봉인됩니다. 그러므로 시편이 두 주인공인 하느님과 기도자의 이러한 포옹을 표현하는 것은 자연스럽습니다. 이 둘은 사랑과 충실의 관계로 연결되어 있고, 그 관계는 특히 히브리어 단어 '헤세

드*hesed*'로 표현됩니다. 이 단어는 시편집에 약 100회 언급되며 하느님과 그분께 충실한 사람 사이의 친밀함을 불러일으킵니다. 그래서 자주 소유형용사나 인칭대명사와 함께 쓰입니다. 하느님께 '나의/우리의'라고 말하는 것은 75회 나타나며, 50여 회에 걸쳐 이스라엘은 '그분' 백성이라고 불립니다. '그분' 상속 재산으로는 10회, '그분' 양 떼로는 7회 일컬어집니다.

이는 인격적 관계로서, 서로의 '기억'을 통해서도 정의됩니다. 한편으로 주님은 당신께 충실한 이 또는 당신이 뽑으시고 당신과 계약으로 결합하신 백성을 기억하시고, 언제나 그 계약에 충실하시며(105,8), 구원 역사 안에서 당신의 행적과 권능을 보여 주십니다(78,4-5). 다른 한편으로 기도자도 '기억'하는데, 이는 '믿는다'와 동의어가 됩니다. 시편집에서는 '하느님을 기억한다'는 말이 자주 언급되는데, "예전의 당신 기적"(77,12)을 기억하며, "당신 이름"(119,55)을 기억한다로 표현됩니다.

따라서 하느님과의 관계는 친교와 신비로운 친밀함의

색채를 띠며, 다양한 상징들로 표현됩니다. 시편집의 독자는 특히 이 책을 기도서로 사용할 때 식탁, 포도주 잔, 손님을 위한 향유, 배부름, 목마름을 해소함, 성전이 있는 거룩한 산 위에 함께 머무름, 비로 비옥해지는 마른 땅, 뜨거운 해를 피하게 하는 그림자, 보호해 주는 날개, 둥지의 따뜻함, 서로에 대한 갈망 등의 상징을 발견하게 됩니다.

이 만남에서 빛의 상징은 특히 중요합니다. 빛은 모든 문명에서 신적 신비를 나타내는 표징으로 사용됩니다. "주님, 정녕 당신께서 저의 등불을 밝히십니다. 저의 하느님께서 저의 어둠을 밝혀 주십니다"(18,29). 하느님의 말씀은 "제 발에 등불, 저의 길에 빛입니다"(119,105). 인간은 분명 이성과 감각의 인도를 따르기도 하지만, 하느님의 말씀은 태양처럼 다른 등불들이 빛을 잃게 만드는 찬란한 빛입니다. 빛의 상징 안에 신적 초월과 인간의 역사적 현실 사이의 연결이 포함됩니다. 빛은 하느님처럼 우리 바깥에 있고, 우리를 완전히 능가하며, 우리를 앞서고 넘어섭니다. 손으로 붙잡고 방향을 바꿀 수 없습니다. 그러면서도 우리를 감싸고, 뚫고 들어오고, 우리를 따뜻하게 하고, 분명하게 해 주며, 우리가 누구인지 밝혀 주고, 우리에게 생명을 줍니다.

피조물과 창조주는 광채 안에서 서로 만나고, 그 빛은 계시의 표징이 됩니다. 그 본보기는 시편 19편에서 볼 수 있는데, 이 시편은 뒤에서 다시 다룰 것입니다. 이 시편에서는 두 빛, 곧 자신의 창조주에 대해 말하고 창조물 안에서 그분을 우리에게 계시해 주는 태양의 빛과 율법의 빛, 토라, 주님의 계명에 대해 말합니다. 주님의 계명은 "맑아서 눈에 빛을" 주고, 그래서 "당신의 종도 이에 주의를" 기울입니다(19,9.12). 이러한 선상에서, 하느님과 그분의 얼굴을 보는 것이 얼마나 중요한 의미를 갖는지 알 수 있습니다. 그래서 우리는 시편집에서 "얼굴의 빛을 비추소서"라는 표현을 자주 접하게 됩니다(예를 들어 시편 4,7; 80,4.20; 119,135).

이에 대립하는 표현은 하느님께서 '얼굴을 감추심'입니다. 그래서 시편에서는 거듭 "당신 얼굴을 제게서 감추지 마시고 분노하며 당신 종을 물리치지 마소서"(27,9)라고 말합니다. 주님의 빛나는 얼굴이 생명, 기쁨, 희망의 원천이라면, 그 얼굴이 어두워지거나 멀어지거나 돌아서는 것은 심판과 괴로움의 근원이 됩니다. "당신 종에게서 얼굴을 감추지 마소서. 제가 곤경 속에 있으니 어서 저에게 응답하소서"(69,18). 이러한 빛과 얼굴의 상징들에서 보는 것에 관한 동사들이 나옵니다. 이 역시 하느님과 기도자의 시선이 마주침을 나타냅니다. 하느님과 인간의 눈이 만남을 기리는 시편 본문들은 매우 풍부합니다.

몇 가지 예를 들어 보면, 하느님의 눈에 대해서 이렇게 말합니다. "주님의 옥좌는 하늘에 있어 그분 눈은 살피시고 그분 눈동자는 사람들을 가려내신다. 주님께서 드높은 당신 성소에서 내려다보시고 하늘에서 땅을 굽어보시니, 포로의 신음을 들으시고 죽음에 붙여진 이들을 풀어 주시기 위함이며, 주님의 눈은 의인들을 굽어보시고, 당신께 성실한 이들의 죽음이 주님의 눈에는 소중하네"(11,4; 102,20-21; 34,16; 116,15). 기도자의 눈에 대해서는 이렇게 말한다. "내 눈은 언제나 주님을 향해 있네. 저의 하느님을 고대하느라 제 두 눈마저 흐려졌습니다. 하늘에 좌정하신 분이시여 당신께 저의 눈을 듭니다. 보소서, 종들의 눈이 제 상전의 손을 향하듯 몸종의 눈이 제 여주인의 손을 향하듯 그렇게 저희의 눈이 주 저희 하느님을 우러릅니다"(25,15; 69,4; 123,1-2). 모든 피조물과 모든 생물이 같은 태도를 지닙니다. "모든 눈이 당신께 바라고 당신께서는 그들에게 먹을 것을 제때에 주십니다"(145,15).

이 상징의 신적이고 인간적인 가치를 드높이는 감미로운 기도로 끝맺을 수 있을 것입니다. "당신 눈동자처럼 저를 보호하소서"(17,8). 하느님을 뵙는 것과 관상은 기도의 귀결입니다. 시편집의 두 주인공인 주님과 기도자, 하느님과 인간 나의 만남은 여기에서 완결됩니다. 그 둘은 시련과 어둠의 시간에도 사랑의 대화 속에 서로 끌어안고 있습니다. 바로 그러한 상황에서 시편집의 이 두 주인공의 유대를 깨뜨리고, 말과 시선을 갈라놓는 세 번째 주체가 끼어듭니다.

✱ 세 번째 존재

세 번째 존재는 하느님과 그분 피조물 사이의 조화를 위협하는 부정적 형상입니다. 성경의 언어에서는 '원수'로 드러나는데, 기도의 일반적이고 보편적인 형태를 말할 때 앞서 언급한 바와 같이 이것은 탄원에서, 곧 신앙인을 공격하는 악에 맞선 기도에서 전형적으로 나타납니다. 어떤 경우에는 기도자를 공격하고 중상하고 모욕하고 박해하는 개인적인 적일 수도 있습니다. 시편 55편에 나타난 배반에 대한 묘사는 시사하는 바가 많습니다. "원수가 저를 모욕한 것이 아닙니다. 그랬다면 제가 참았을 것입니다. 저를 미워하는 자가 제 위에서 거드름을 피운 것이 아닙니다. 그랬다면 제가 그를 피해 숨었을 것입니다. 그러나 그것은 너, 내 동배 내 벗이며 내 동무인 너. 정답게 어울리던 우리 하느님의 집에서 떠들썩한 군중 속을 함께 거닐던 우리"(55,13-15).

그러나 다른 경우에는 횡포를 부리는 권세가, 또는 기

원전 586년 바빌론인들이 예루살렘을 함락하던 때와 같이 거룩한 도성을 공격하는 군대일 수 있습니다(시편 74; 137편). 이것이 민족적인 탄원 시편의 주된 주제입니다(44; 79; 80편). 그러나 흔히 원수는 악, 질병, 불행을 의인화한 것입니다. 이 경우에도 다양한 상징을 사용하는데, 지금은 이들을 나열하기만 할 것입니다. 시편집을 읽거나 기도하는 사람은 한 절씩 읽어 가면서 이를 확인할 수 있을 것입니다. 흔히는 창, 활, 화살, 방패, 전쟁, 패배 등 전투적 표상이 나타납니다.

    때로는 원수-악을 나타내기 위하여 사냥이나 동물의 상징을 사용합니다. 올가미와 그물을 이용한 사냥, 사자와 같은 맹수, 날뛰는 개, 분노한 황소 등이 여기에 속합니다. 예수님께서 십자가에서 말씀하신 시편 22편을 인용하는 것으로 충분합니다. "수많은 수소들이 저를 에워싸고 바산의 황소들이 저를 둘러싸 약탈하고 포효하는 사자처럼 저를 향하여 입을 벌립니다. 개들이 저를 에워싸고"(22,13-14.17). 호소가 이어집니다. "사자의 입에서, 들소들의 뿔에서 저를 살려 내소서"(22,22). 하지만 기도자를 공격하는 대상은 "악당의 무리"(22,17)라고 밝힘으로써 동물 비유의 의미가 드러납니다.

독자는 시편에서 기도자의 목까지 차올라 공격하고 파괴하는 물살이나, 우리를 저승에 떨어지게 하는 깊은 구덩이에 미끄러지는 위험, 또는 목이 타게 하는 메마른 땅과 같은 자연의 상징도 만날 것입니다. 하느님과 피조물인 인간 사이에 끼어드는 악은 모든 유형과 증상의 질병인 경우도 많은데, 그 종류는 나병부터 식욕부진과 발열까지 다양합니다. 특히 사탄의 장난으로 인한 일들도 일어나는데, 여기에는 고독과 버림받음과 거부당함이 있습니다.

이보다 더 곤란한 2가지는 하느님과 인간의 대화에 큰 위기를 가져올 수 있습니다. 그 첫째는 무엇보다 하느님의 침묵, 곧 하느님이 피조물의 고통에 무감각하고 무관심한 군주처럼 멀리 거리를 두시는 문제입니다. 욥의 고통스러운 호소와도 같은, 예수님께서 십자가에서 사용하신 시편 22편의 유명한 첫 구절이 여기에 해당합니다. "저의 하느님, 저의 하느님, 어찌하여 저를 버리셨습니까? 소리쳐 부르건만 구원은 멀리 있습니다. 저의 하느님, 온종일 외치건만 당신께서 응답하지 않으시니 저는 밤에도 잠자코 있을 수 없습니다"(2-3절). 하느님의 침묵은 '얼굴을 감춤'(이는 시편집에서 22회 사용된다), '멀리 계심', 심지어는 '진노가 타오름'과 더불어 적대감의 표지로까지 보입니다. 신앙인에게 가장 힘든 시련입니다.

매우 인간적인 또 하나의 적대 요소는 죄입니다. 죄는 도덕을 위반하는 것이고 하느님 말씀에 불순종하는 것입니다. 이에 관련된 유명한 시편은 이미 인용했던 51편(Miserere)과 130편(De profundis)입니다. 죄를 고백하고 인간 안에 있는 이 원수를 내침으로써 회심과 화해가 일어나며, 죄인의 잘못보다 더 강한 하느님의 용서를 통하여 다시 대화가 꽃피게 됩니다. 이 경우에 악의 제거를 나타내는 단어들은 의미가 깊습니다. 주님께서 잘못을 '기억하지 않으시기'에 기도자에게로 '얼굴을 돌리십니다.' 그분은 인간의 죄를 '덮어*kipper*' 없앱니다. 그러나 인간의 돌아감('슈브*shûb*'), 글자 그대로 말한다면 죄로 인해 바른길에서 벗어났다가 그 길로 되돌아감, 곧 그의 '회심'도 있습니다. 인간의 반역으로 중단된 대화의 재개를 묘사한 내용은 신비적 성격이 강한 103편에 나타납니다. "오히려 하늘이 땅 위에 드높은 것처럼 그분의 자애는 당신을 경외하는 이들 위에 굳세다. 해 뜨는 데가 해 지는 데서 먼 것처럼 우리의 허물들을 우리에게서 멀리하신다"(11-12절).

결론을 내린다면, 시편은 하느님과 인간, 영원과 일상의 사건들을 포함하는 기도입니다. 시편은 하느님 말씀의 빛 속에서 걸으라는 초대이며, 우리 안팎의 악에서 구원해 달라는 간청이고, "온갖 악한 길에서 제 발길을 돌리니 당신 말씀을 지키려 함입니다"(119,101)라는 결심입니다. 그러나 성경의 '현재'는 언제나 미래를 향한 움직임 속에 함께 들어 있습니다. 오디세우스는 자신의 땅을 떠나 잃어버린 고향으로, 자신의 과거로 돌아가기를 갈망했고, 집의 굴뚝에서 올라오는 연기만이라도 보기를 원했습니다(《오디세이아》, 1,58). 그의 고향은 '귀환', '과거'였습니다.

반면 성경 속 신앙인의 전형인 아브라함은 땅 위에서 순례합니다. 그의 고향은 '미래'이고 '앞날'이기 때문입니다.

시편의 기도는 우리에게 이 미래를 찾게 합니다. 현실에서 꿈이나 환상으로의 도피가 아니라, 매일 우리의 지상 여정에서 노력함으로써 찬란한 결말에 이르는 것입니다. "당신께서는 제 영혼을 저승에 버려두지 않으시고 당신께 충실한 이는 구렁을 아니 보게 하십니다. 당신께서 저에게 생명의 길을 가르치시니 당신 면전에서 넘치는 기쁨을, 당신 오른쪽에서 길이 평안을 누리리이다"(16,10-11).

예수님은 마지막 파스카 때에 장엄한 전례 거행을 위한 시편 모음집인 할렐(아마도 113-118편 또는 136편; 참조 마태 26,30)을 노래하셨습니다. 이를 본받아 그리스도교 공동체도 — 특히 기쁜 시기에 — 시간 전례와 말씀 전례를 통하여 여러 세기에 걸쳐 하느님께 오른 이 합창과 결합됩니다. 바오로 사도는 이에 관하여 이렇게 호소합니다. "그리스도의 말씀이 여러분 가운데에 풍성히 머무르게 하십시오. 지혜를 다하여 서로 가르치고 타이르십시오. 감사하는 마음으로 하느님께 시편과 찬미가와 영가를 불러 드리십시오"(콜로 3,16).

제4장

시편으로
들어가는 열쇠

지금까지 우리는 거리를 두고 위에서부터 바라보았습니다. 앞서 언급한 것처럼 모세는 죽음을 앞두고 느보산에서 약속의 땅을 보았으나 주님의 냉혹한 음성도 들었습니다. "이렇게 네 눈으로 저 땅을 바라보게는 해 주지만, 네가 그곳으로 건너가지는 못한다"(신명 34,4). 앞 장에서는 시편집의 특징과 문학적·종교적 요소들을 지도처럼 살펴보았고, 이제는 — 모세와 달리 — 그 땅의 몇몇 곳으로 건너가 보려 합니다.

이 책의 요약적인 특성을 고려할 때, 150편 전체를 훑을 수는 없습니다. 그래서 중요한 시편 노래들, 널리 알려져 있고 전례에서나 영성적으로 많이 사용되며 앞에서 묘사한 '문학 유형'(찬양, 탄원, 신뢰 고백, 감사, 시온의 노래와 하느님의 통치 시편, 지혜 시편, 구원 역사에 관한 묵상 등)을 대표할 수 있는 시편들을 선택할 것입니다. 각각의 시편을 읽기 위한 최소한의 열쇠만을 제시하여, 그 주제를 직관하기 위한 빛을 주고자 합니다. 시편 전체를 묵상하며 읽음으로써 더 깊이 그 주제를 발견할 수 있을 것입니다. 그러므로 이제는 성경을 손에 들고 시편을 펼쳐, 차례로 제시될 시편의 본문을 읽도록 준비해야 합니다.

2가지 길 1편

이 시편의 첫 단어는 히브리어 알파벳의 첫 글자인 알레프*alef*로 시작됩니다. 이 지혜 시편은 시편집 전체를 읽기 위한 열쇠와 같습니다. 2가지 길, 2가지 운명, 2가지 부류의 인간이 대비됩니다. 의인은 시편을 노래하며, 잎이 시들지 않는 무성한 나무와 같습니다. 불의한 자는 바람에 흩어지는 겨와 같이 메마릅니다. 이 시편의 마지막 글자는 타우*tau*인데, 이는 히브리어 알파벳의 마지막 글자입니다. 이렇게 하여 이 시편은 인생의 모든 가르침과 역사 안에서 인간의 선택을 위한 지침을 제시합니다.

메시아 임금 2편

시편 2편은 시편집에서 가장 유명한 시편 가운데 하나로서, 110편과 함께 그리스도교의 메시아에 대한 고전적 기도를 대표합니다. 그러나 이 노래 자체는 유다 임금의 장엄한 즉위식을 나타냅니다. 즉위식에서는 동방의 관습에 따라 임금에게 신적 특성들이 부여되었습니다. "너는 내 아들. 내가 오늘 너를 낳았노라"(7절). 이스라엘에서 임금은 주님의 친아들이 아니라 입양된 아들로만 머물지만, 그리스도교의 재해석에서 시편의 메시아 임금은 탁월한 의미에서 하느님의 아들인 그리스도가 됩니다. 반역의 움직임이 있지만, 하느님은 '아들' 편에 계시며 그 아들의 왕홀은 악의 모든 저항을 마치 질그릇처럼 부술 것입니다. 모든 이는 떨리는 마음으로 그 발에 입을 맞추며 그분 앞에 엎드릴 것입니다.

주님, 저를 고쳐 주소서! 6편

"더 이상은 견딜 수가 없습니다!" 소멸하는 육신에 냉혹한 죽음의 힘이 퍼지는 것을 느끼는 병자의 극적 탄원입니다. 이스라엘은 아직 내세에 관한 뚜렷한 전망이 없었고, 죽은 이들의 나라는 하느님이 계시지 않은 침묵의 영역이었습니다(6절). 그러므로 병자가 간절하게 하느님께 생명을 청하는 것은, 단순히 치유를 바라는 것을 넘어섭니다. 그것은 생명을 되찾고 지금은 적대적으로 느껴지는 하느님과의 친밀함을 되찾고자 하는 갈망의 표현입니다. 그래서 그리스도교 전통에서는 이 시편을 일곱 편의 참회 시편 가운데 첫 번째로 삼았습니다(시편 6; 32; 38; 51; 102; 130; 143편). 고통과 죄를 관련짓던 고대의 개념에 따르면, 고통은 죄의 결과로 해석됩니다. 그러나 성경의 모든 탄원처럼 마지막은 언제나 희망과 생명의 말로 끝납니다. "주님께서 나의 간청을 들어 주신다"(9절).

신보다 조금 못한 8편

우주 비행사 닐 암스트롱과 에드윈 올드린은 성 바오로 6세의 초대에 따라 이 시편 구절을 달의 표면에 남겼습니다. 이 시편은 웅대한 우주의 피조물 가운데 인간을 특별히 기립니다. 17세기 프랑스 철학자 블레즈 파스칼의 표현을 빌리면, "무한한 공간의 영원한 침묵" 안에서 이 "생각하는 갈대"는 미미한 알갱이와 같습니다. 손가락으로 별과 항성들을 하늘에 수놓으시는 전능하신 창조주 하느님 앞에서 인간은 더욱 작은 존재입니다. 그런데 바로 그 하느님이 인간을 굽어보시고 우주적 지평의 임금이신 당신 자신보다 조금 못하게 관을 씌워 주십니다. 그러므로 이 시편은 인본주의의 노래이고, 인간이 폭군이 되어 세상을 짓밟을 때는 위험한 기도가 됩니다. 그래서 히브리서에서는 이 밤의 시편을 완전한 인간 그리스도의 노래로 변모시켰습니다(히브 2,5-10).

죽음을 넘어선 생명의 길 16편

이 뛰어난 시편은 아마도 사제가 썼을 것입니다. 5-7절에서 하느님을 "유산"이라고 말하는데, 이는 이스라엘 안에서 자신의 토지를 소유하지 않고 성전 근처에서 살았던 레위인들의 전형적 특징입니다. 이 시편의 시적·종교적 핵심은 2절의 신앙 고백입니다. "저의 행복 당신밖에 없습니다." 여기에서 이미 "하느님을 소유한 사람은 모든 것을 소유한 것이니, 하느님만으로 충분하다"라는 아빌라의 성녀 데레사의 말이 들리는 듯합니다. 시인은 이러한 신뢰로, 인간의 가장 큰 두려움인 죽음에도 도전합니다. 한편으로 그는 돌이킬 수 없이, 날들이 구렁으로 흘러감을 보지만, 다른 한편으로는 생명의 하느님께서 당신의 충실한 이가 허무로 떨어지거나 죽은 이들이 유령처럼 머무는 곳으로 가도록 허락하지 않으시리라는 것을 꿰뚫어 봅니다. 마치 그의 눈에는 빛이 비쳐오는 듯합니다. 그것은 하느님의 얼굴 앞에서 누리는 생명과 영원한 기쁨의 길입니다. 베드로는 오순절 설교(사도 2,26-36)에서, 바오로는 피시디아 안티오키아의 설교(사도 13,14-43)에서 16편의 구절들을 반복하며 이를 부활하신 그리스도께 적용합니다.

태양 빛과 말씀의 빛 19편

2개의 태양, 2개의 빛, 2가지 하느님의 말씀이 있습니다. 그 첫째는 감추어진 하느님의 목소리인 창조의 태양, 빛, 말씀이고, 둘째는 명시적인 하느님의 말씀인 토라 곧 성경의 태양, 빛, 말씀입니다. 중세의 유명한 유다인 주석가는 이렇게 썼습니다. "태양의 세계처럼 영혼도 토라를 통하지 않고서는 충만한 빛과 생명에 이르지 못한다." 태양은 이집트의 태양신인 라*Ra* 또는 아톤*Aton*과 같은 신이 아니라 빛나는 피조물일 뿐이며, 신랑이나 용사처럼 밤의 신방에서 나와 하늘의 궤도를 달립니다. 그 광채는 암호처럼 더 상위의 메시지를 드러내는데, 그것은 태양을 창조하신 분의 메시지입니다. 한편 하느님의 율법인 토라는 명시적이고 순수하고 빛나는 영원한 주님의 말씀입니다. 토라를 기쁘게 받아들이는 사람은 지극히 감미로운 꿀을 맛보는 것과 같고, 비길 데 없는 보물을 소유하는 것과 같습니다.

저의 하느님, 어찌하여 저를 버리셨습니까? 22편

예수님께서 숨을 거두실 때 외치신 이 유명한 탄원의 강렬한 힘을 모르는 그리스도인은 없습니다(마태 27,46). 피와 눈물이 새겨진 큰 고통을 보여 주는 본문으로서, 동방에서 사용하는 짐승들의 표상(황소, 사자, 개, 들소)이 나타나며, 어그러진 뼈와 밀초처럼 녹은 마음, 옹기 조각처럼 마른 목, 가쁜 숨, 상처 입은 손과 발 등 신체를 자세히 묘사합니다. 하느님의 침묵과 적대적인 사람들만이 그의 둘레에 있습니다. 그들은 시편 저자가 저주받은 사람이라고 여기며 이미 그의 유산을 나누어 갖습니다(19절). 그러나

갑자기 전환이 일어납니다. "당신께서는 저에게 대답해 주셨습니다"(22절). 그리고 탄원은 기쁜 감사의 찬양으로 (23-27절), 온 세상의 임금이신 주님께 드리는 노래로 바뀝니다(28-29절). 절망에서 희망으로, 죽음에서 생명으로, 무덤에서 부활로 옮겨 가는 것입니다. "주님께서 이를 행하셨기 때문이다"(32절).

주님은 나의 목자 23편

"시편 23편의 이 구절들은 내가 읽었던 수백 권의 책보다 더 많은 빛과 위로를 주었다." 프랑스 철학자 앙리 베르그송(1859-1941)의 이 증언은 이 시가 독자들에게 끊임없이 보여 준 매력을 분명하게 표현합니다. 이 시편은 계속 연구되고 사랑을 받았으며 그리스도교 전례 안에서 울려 퍼집니다. 2가지 상징이 결합하여 시를 지탱합니다. 그 첫째는 성경과 동방 전체의 전통에서 매우 중시된 목가적 상징입니다(에제 34장과 요한 10장을 보라). 둘째는 환대의 상징입니다(상, 향유, 가득한 잔). 이는 친밀함의 표지입니다. 목자는 인도자일 뿐만 아니라 여행의 동반자이며, 양 떼의 시간은 목자의 시간이고 양 떼의 위험은 그의 위험이며 양 떼의 목마름과 배고픔, 심한 더위도 곧 그의 것입니다. 한편 환대하며 차려 주는 음식은 희생 제물의 고기로 거룩한 식사를 나눈 성전의 친교제를 연상시킵니다. 그러므로 두 상징은 하느님과 인간 사이의 친교와 친밀함을 나타냅니다. "당신께서 저와 함께 계시기 때문입니다"(4절)라는 구절이 이 시편의 핵심이라면, 신뢰는 그 바탕에 깔린 태도입니다.

폭풍의 일곱 소리 29편

많은 학자가 이 강렬한 폭풍의 합창을 가장 오래된 시편 중 하나로 봅니다. 여기에서는 이스라엘 이전 토착민 세계의 단어와 상징과 개념이 나타납니다. 이 시편에는 의성어가 중간중간 사용됩니다. 7회에 걸쳐 '소리, 목소리'를 뜻하는 히브리어 단어 '콜$_{qôl}$'이 반복됩니다. 이렇게 폭풍이 불어닥친 우주에서 시인은 창조주의 표지를 알아봅니다. 가나안에서 폭풍은 비를 내려 풍요를 주는 신 바알이 성적으로 흥분한 것으로 여겨졌습니다. 그러나 이 시편에서 폭풍은 하느님이 당신의 초월성을 드러내시는 도구입니다. 그분은 큰 물 위에 계시며 그분 안에, 그분과 함께 평화가 있습니다(9-11절). 폭풍이 일어나는 과정은 이렇게 묘사됩니다. 그것은 지중해로부터 시작하여 레바논산맥을 거쳐(시르욘은 페니키아식 이름이다) 남쪽 카데스의 사막에 이르고, 카데스에서는 새끼 밴 암사슴과 어미 양들이 번개와 천둥에 놀라 유산을 합니다. 그러나 역사와 자연에 불어닥친 폭풍의 소용돌이 속에서도, 주님은 확고하시며 "당신 백성에게 평화로 강복"하십니다.

인간의 삶은 숨결 같은 것 39편

삶의 고통에 관한 이 간절하고 자서전적인 비가悲歌는 마치 성경의 유명한 비관주의자 코헬렛의 형제가 쓴 것 같습니다. 코헬렛의 저자가 즐겨 사용하는 '헤벨*hebel*'이라는 단어(1,2; 12,8 참조)가 3회에 걸쳐 사용되어 점점 강조되는 효과를 냅니다. 이 단어는 흔히 '허무'로 옮겨지는데, 본래는 숨, 약한 바람결, 흐릿한 그림자, 해가 뜨면 바로 사라지는 구름을 뜻합니다. 이 시인에게는 삶도 그렇게 공허한 날들의 연속이고, 한 뼘 길이만큼 지속될 뿐이며(6절), 재산을 소유하려고 소란을 피우지만 결국 좀벌레가 그것을 갉아 먹습니다. 이 위대한 시인이 하느님께 드리는 적나라한 청원은 오직 한 가지입니다. 그는 잠시만이라도 평화를 주시고 숨을 쉬게 해 달라고 부르짖습니다. 14절에서 사용된 동방의 표현은, 잠시 멈추는 순간이라는 의미로 침 한 번 삼키게 해 달라는 간청입니다. 구약에서 내세에 대한 전망은 아직 불분명하여, 죽은 다음에는 성경에서 말하는 저승인 공허한 셔올만이 있을 것입니다.

암사슴이 시냇물을 그리워하듯 42-43편

르네상스 음악의 걸작 가운데 하나인 피에르루이지 다 팔레스트리나의 〈사슴처럼Sicut cervus〉은 본래 하나의 시편이었던 것으로 보이는[1] 이 아름다운 서정시의 배경이 될 수 있습니다. 42편과 43편은 반복되는 후렴(42,6.12; 43,5)에서 단일성을 보여 줍니다. 아마도 예루살렘에서 추방되어 낯선 땅인 상부 갈릴래아의 헤르몬산과 알려지지 않은 미츠아르산 근처의 요르단강 수원지로 강제 이주한 레위인의 이야기가 세 막에 걸쳐 자전적 형식으로 펼쳐집니다. 그는 거룩한 강의 맑고 시원한 물로 둘러싸여 있으면서도 다른 물을, 곧 시온의 물을 목말라합니다. 그는 마른 개울에 이르러 하늘을 향해 부르짖는 암사슴과 같습니다. 시편 저자는 시온에서 찬란하게 당신을 계시하시는 살아 계신 하느님을 목말라합니다. 성전 전례에 대한 향수(5절)는

---

[1] 역자주: 저자는 본래 하나의 시편인 것이 잘못해서 2개로 나뉘었다고 말하나, 그렇게 단정할 수는 없다.

이교인 적들이 "네 하느님은 어디 계시느냐?"(11절)라며 조롱할 때 특히 간절해집니다. 6절과 12절에서 시인은 자신의 영혼과 대화하며, 끝까지 침묵하지 않으실 하느님께 희망을 둘 것을 호소합니다.

　시편 42-43편의 셋째 단락에서, 상부 갈릴래아로 추방된 레위인은 하느님께서 개입하시어 진리와 빛을 전령으로 보내 주시리라고 신뢰합니다(3절). 그 진리와 빛은 유배지에 있는 기도자의 손을 잡아 시온으로, 하느님의 제단으로 이끌고, 거기에서 그는 다시 노래하고 춤추며 전례에서 자신의 직무를 행할 것입니다. 마지막으로 다시 한 번 더 강조하여 42편에서 이미 2번 노래했던(6.12절) 후렴구가 다시 울려 퍼집니다(5절). 이제 기도자는 하느님께서 그를 시험하신 후에 그분 친히 '구원'으로, 곧 기쁨과 빛으로 나타나실 것임을 말합니다. 그리스도교 전통에서 "하느님의 제단으로 나아가오리다"(시편 43,4)라는 구절은 고대 라틴 예식에서 성찬 전례를 시작하는 기도로 사용되었습니다.

재산과 죽음 49편

49편은 '죽음에 대한 오라토리오'로 문학적으로나 영성적으로 시편집의 또 하나의 걸작입니다. 인간의 참된 가치관에 관한 지혜문학적 묵상인 이 기도 노래는, 지상 삶의 마지막 경계인 죽음의 어두운 장막을 찢고 그 신비를 알아내려 합니다. 셔올(성경의 저승)이라는 이름의 게걸스러운 괴물은 재산과 모든 것을 삼켜 버립니다. 권세가는 자신의 엄청난 재물로 죽음에 속전을 바치려고 하지만 그것은 헛일입니다. 아무리 많은 보상을 제시한다 해도 그것은 충분할 수 없습니다(9절). 이를 알고 있으면서도 부자는 죽음을 이기고 살아남으리라고 착각합니다. 그는 이미 죽음의 낙인이 찍힌 짐승과도 같아 13절과 21절의 후렴구에서 말하듯이 하룻밤을 넘기지 못합니다. 그는 자신의 운명을 깨닫지 못하며 짐승처럼 어리석습니다. 그러나 의인에게는 죽음의 어둠 속에 빛이 밝혀집니다. 영원하신 하느님, 생명의 주님은 그분과의 친밀한 사랑과 의로움 안에서 살았던 이를 허무로 떨어지게 둘 수 없으십니다. 그래서 시인은 이렇게 증언합니다. "하느님께서는 내 영혼을 구원하시고 저승의 손에서 나를 기어이 빼내시리라"(16절).

불쌍히 여기소서! 51편

'미세레레Miserere'(불쌍히 여기소서)라고 일컬어지는 이 시편 51편은 아마도 가장 유명한 노래로, 참회하고 회심한 사람들이 가장 많이 묵상하고, 해석하고, 연주하고, (프랑스 화가 조르주 루오가) 그린 시편일 것입니다. 이 탄원의 시적이고 영적인 핵심은 "당신께, 오로지 당신께 잘못을 저지르고"(6절)라는 그 강렬한 구절에 있습니다. 유다교 전통에서는 이 고백에 기초하여, 이 시편을 밧 세바와 간음을 저지르고 그 여인의 남편 우리야를 죽인 다윗의 작품으로 여겼습니다(2사무 10-12장 참조). 그러나 그 문체와 '영'과 '마음'이 완전한 제물이 된다는 예언서들의 주제(19

절), 기원전 6세기의 바빌론 유배에서 돌아와 예루살렘의 성을 다시 쌓아 주시기를 간청하는 장면(20-21절)은 시편의 작성 연대를 더 늦은 시기로 보게 합니다. 어떤 경우이든 절반은 어둠으로 덮이고(죄의 어두운 영역: 3-11절), 절반은 빛으로 덮인(은총의 밝은 영역: 12-19절) 땅과 같은 이 기도의 내적 힘에는 차이가 없습니다. 죄에 대한 감수성이 민감한 그만큼, 용서와 새로남의 영, 자비로우신 하느님께서 참회하는 죄인에게 부어 주시는 기쁨의 체험은 더욱 강렬합니다. 그래서 51편은 참회의 노래라기보다 복음에 나오는 되찾은 아들, 또는 자비로운 아버지의 비유의 정신에 따라 생생하게 되살아남을 기념하는 노래라고 할 수 있습니다(루카 15,11-32).

제 영혼이 당신을 목말라합니다 63편

이 시는 하느님에 대한 목마름과 갈망이 스며 있어 신비 전통에서 매우 사랑받은 시편입니다. 탄원에서 찬양으로 어조가 바뀌기는 하지만 상징들로 잘 짜인 걸작이기도 합니다. 시인의 영혼과 육신의 상태가 물질적 상징으로 펼쳐집니다. 영혼은 마르고 극심한 더위로 갈라진 땅처럼 무한을 목말라합니다. 또한 성전의 희생 제물, 곧 예배를 갈망하며 시인의 입술은 감미로운 찬양을 기다립니다. 밤새워 하느님을 기다린 영혼은 그분과 간절히 바란 포옹을 합니다. "제 영혼이 당신께 매달리면"(9절). 그러나 하느님과의 이 온전한 친밀함의 노래는 여우와 칼, 어두운 저승, 거짓을 말하는 이들이 나타나면서 침울하게 끝납니다. 하지만 곧 악의 멸망이 선포되며 신비적 합일 안에서 역사에 대한 확고한 희망적 전망으로 끝납니다.

메시아, 정의의 임금 72편

시편 2; 89; 110편과 더불어 72편은 유다교와 그리스도교 전통에서 메시아적으로 재해석된 네 편의 군왕 시편에 속합니다. 시편 저자는 즉위를 앞둔 젊은 임금이 정의와 공정을 베풀고, 그 왕국이 영원하기를 기원합니다. 이 임금은 이상적인 임금, 가난한 이들의 의로운 심판관으로서 "폭행하는 자를 쳐부수게"(4절) 될 기름부음받은이-메시아의 모습으로 그려집니다. 이렇게 길고 영광스러운 전망에서, 임금에 대한 찬양은 메시아가 오실 때에 이루어지리라고 희망하는 실재로 변모합니다. 그의 정의는 완전하고, 그의 다스림은 온 세상에 미치며, 그의 나라는 영원합니다. 온 우주가 평화를 누릴 것입니다. 16절에서는 그 평화('샬롬')가 지상 낙원의 농경적 색채들로 펼쳐집니다(곡식이 메마른 산봉우리 위에까지 넘친다). 임금을 위한 환호로(5.11.17절) 표시된 매우 정교한 구조를 갖춘 이 찬가는 나중에 덧붙여진 축복으로 끝맺습니다(18-19절). 이 축복은 시편집을 다섯 권으로 나눈 유다 전례 전통에 의해 첨가되었습니다. 이 축복으로, 42편으로 시작된 제2권이 끝납니다.

신앙의 위기를 넘어 73편

이 특별한 영혼의 이야기는 신앙인의 내적 갈등을 보여줍니다. 그는 아마도 사제로서, 세상에서 불의가 승리하는 것을 보면서 신앙의 위기를 겪습니다. 그의 영적 체험은 이 지혜문학적 묵상에서 기도와 시와 증언이 되며, 두 단락으로 나뉩니다. 첫째 단락은 2-16절로, 역사의 스캔들에서 나타나는 악인과 의인을 단적으로 묘사합니다. 시인은 불의한 자에게 참을 수 없는 분노와 혐오를 표현하며, 권력의 교만과 저속함을 조롱합니다. 정직함을 버리고 그들처럼 살려는 유혹은 "그러나 마침내…"로 시작하는 17절에서 곧 극복되고, 이제 둘째 단락으로 건너갑니다. 시인은 성전으로, 양심의 침묵으로 돌아와 거기에서 악인과 의인의 운명을, 그 '종말'과 그 '다음'을 깨닫습니다(17-28절). 이제 그의 눈이 열리고, '구약의 가장 아름다운 영성적 본문'으로 정의된 이 구절에서 시편 저자는 자신의 신앙과 희망의 마지막 증언을 남깁니다. "하느님께

가까이 있음이 저에게는 좋습니다"(28절). 하느님은 그의 손을 붙들어 주십니다. 몸과 마음이 스러질지라도, 신앙인은 영원하신 분의 품에 안깁니다. 여기에서도 죽음을 넘어선 지평이 빛과 확신으로 밝아집니다. "당신과 함께라면 이 세상에서 바랄 것이 없습니다"(25절).

순례자의 노래 84편

성전 앞에 도달한 순례자의 감탄과 환호로 시작되는 이 간절하고 아름다운 시온의 노래는 거룩한 도성을 향해 떠나는 순례자의 향수를 묘사합니다. 기도 중에 그에게 스며드는 이 갈망은 3가지 어조로 표현됩니다. 순례자는 바카 계곡(어느 지역을 지칭하는지에 대해 다양한 의견이 있다)을 지나며 더욱더 힘차게 나아가고, 가을 첫비(역자주:《성경》은 "봄비"로 옮김)가 내리자 그의 갈망은 다시 뜨거워집니다(7-8절). 그 갈망은 성전 앞에서, 내밀한 기도 안에서, 정성껏 거행된 전례 안에서 채워집니다. 그리고 그가 집으로 돌아가기 전, 시온을 바라보며 마지막 인사를 할 때 다시 갈망이 일어납니다. 순례자는 성전의 처마에 둥지를 튼 제비와 참새를 부러워하는 듯합니다. 시온에 머무는 것은 마치 천국에 있는 듯이, 하느님과의 친밀한 관계에서 샘솟는 기쁨을 누리는 것이기 때문입니다. 권세가들의 큰 집이나 이교 신전이 매력적일 수 있지만, 시인은 이미 망설임 없이 선택했습니다. "정녕 당신 앞뜰에서 지내는 하루가 다른 천 날보다 더 좋습니다"(11절).

아무도 이방인이 아니다 87편

이 짧은 시온의 노래는 다양하게 해석되는 보편주의적 의미를 담고 있습니다. 시온은 잘 짜인 우주의 근원이며, 땅과 민족들이 사방으로 흩어져 살아가는 모습에서 모든 조화의 원천입니다. 땅의 사방은 분명하게 규정됩니다. 바빌론은 동쪽의 큰 세력이고, 라합 곧 이집트는 서쪽에 있습니다. 티로와 필리스티아는 북쪽을 대표하며, 에티오피

아는 이스라엘에서 남쪽으로 가장 먼 나라입니다. 그런데 이 모든 민족이 하느님이 엮으신 역사에 예루살렘의 시민으로 기록됩니다. 4.5.6절에서 히브리어 동사 '율라드 *jullad*'('태어났다')가 3번에 걸쳐 반복됩니다. 지상의 모든 민족은 더 이상 부정하거나 이교도로 여겨지지 않습니다. 그들의 모계 기원, 그들의 "샘"은 주님이 계신 시온에 있습니다. 시온에서 모든 사람은 동등하며 평화를 누립니다. 이는 그리스도교적 의미에서, 모든 민족이 저마다 자기 언어로 동일한 "하느님의 위업"이 선포되는 것을 들었던 성령강림 때의 예루살렘을 가리킵니다(사도 2,5-12).

가장 괴로운 간청 88편

"시편집에서 가장 어두운 시편, 가장 암담한 탄원, 가장 극적인 '깊은 구렁 속에서', 비관주의의 아가…" 주석가들은 이 시편의 인상을 이렇게 정의합니다. 기도자의 발이 돌이킬 수 없이 무덤 속으로 빠져들고 이미 지평선이 어둠과 적막 속으로 가라앉는 듯한 때에 하느님께 외치는 극적인 탄원입니다. 하느님을 향한 조난 신호 같은 이 극한의 부르짖음은 무덤(2-8절)과 완전한 고독(9-19절)이라는 두 주제에 초점을 맞춥니다. 성경의 저승인 셔올이 그 침울한 현존으로 탄원 전체를 지배합니다. 마치 기도자의 뼈와 살에 차가운 손을 내뻗는 죽음의 노래처럼 보입니다. 그러나 죽음 이전에 외로움이 있습니다. 소외되고 고립된 사람은 살아 있어도 무덤에 누워 있는 듯합니다. 욥도 괴로운 탄원에서 이 같은 사람들의 침묵에 탄식했습니다(욥 19,13 이하). 그러나 이보다 더한 침묵이 있습니다. 하느님의 침묵입니다. 저승에서 그림자들이 침묵하고 하느님이 그들에게 아무 말씀을 하지 않으신다면, 지금 하느님의 침묵은 그분이 어릴 적부터 슬픔을 겪고 불행했으며, 병든 이 사람을 버리셨다는 표지로 여겨집니다(16절). 그는 이제 끝에 이르렀습니다. 그의 지평에는 다른 시편의 탄원에서와 같은 한 가닥 빛도 없습니다. 영원한 저승의 어둠만이 그의 벗입니다(19절).

우리 햇수는 숨결 같은 것 90편

아침에 돋아났다가 저녁에 베어지고 시들어 말라 버리는 풀과 같은 인간이라는 향기롭고 서글픈 표상은 모든 문학에서 사랑받는 주제입니다. 단테는 '연옥편'에서 이렇게 썼습니다. "너희의 명성은 풀의 빛깔 / 왔다가 사라지고, 땅에서 푸른 풀이 자라나게 한 / 바로 그 태양이 그 빛을 잃게 한다"(제11곡, 115-117). 인간의 덧없음을 노래하는 이 감미롭고도 강렬한 비가는 시간적(천 년-하루, 햇수-날수, 아침-저녁), 공간적(인간이 먼지로 돌아가고 하느님이 인간에게 돌아오는 이중의 '돌아감'), 심리적 표상(하느님의 진노와 자비, 인간의 걱정과 기대)으로 2가지 감정을 표현합니다. 한편에는 삶의 불행이 있습니다(1-10절). 우리의 세월은 한숨처럼 덧없고 쉬이 사라지며, 그나마도 고통과 수고로 가득합니다. 그 종착점에는 먼지와 그림자, 침묵이 기다리고 있습니다. 그러나 다른 한편에서 우리는 하느님께 간구합니다. 우리를 이러한 불행에서 구해 주시기를, 우리의 날수를 셀 줄 알도록 가르치시어 슬기로운 마음을 얻게 해 주시기를 간청합니다. 영원하신 주님을 신뢰하고 그분께 의탁할 때, 덧없고 불안정한 인간은 무너질 수 없는 견고함에 참여하고 그가 하는 일은 새로운 안정성과 영구함을 얻습니다(11-17절). 그리하여 허무와 먼지로 시작된 이 비가는 영원에 대한 실낱같은 희망으로 끝을 맺습니다.

노인의 노래 92편

이 시편은 회당 예배에서 매주 큰 축일인 안식일을 지낼 때 쓰였고, 노래와 음악으로 하느님의 자애와 성실을 기리는 전례를 배경으로 하는 찬양가입니다(2-4절). 이 노래는 하느님 앞에서 의인과 악인을 대조합니다(5-16절). 악인의 모습은 시편 90편에서도 쓰인 식물의 표상으로, 피었다가 이내 먼지가 되어 영원히 사라져 버리는 풀에 비유됩니다. 의인은 다른 식물의 표상으로 그려지는데, 그 의미는 매우 다릅니다. 무성하게 자라지만 덧없이 지고 마는 들풀 같은 악인과 달리, 의인은 야자나무와 레바논의 향백나무처럼 하늘을 향해서 굳건하고 웅장하게 자라납니다. 그 가지는 천상 성전까지 뻗어 나가고, 뿌리는 성전의 거룩하고 풍요로운 땅에 자리하고 있습니다. 꼭대기는 무한을 열망하고, 기초는 영원에 토대를 두며, 그의 삶은 신의 영역에까지 이릅니다(13-14절). 의인의 힘은 들소와 같고, 그 아름다움은 향유를 바른 용사와 같습니다(11절). 그 생명은 장엄한 나무와 같아 늙어서도 열매를 맺습니다. 이것이 시편 92편에 담긴 의인에 대한 열렬한 노래입니다.

주님은 세상의 임금 98편

"새로운 노래", 곧 임금이며 심판자이신 주님께 바치는 완전하고 영광스러운 노래입니다. 이 시편에서 주님의 7가지 기본적인 속성은 기적, 승리, 구원, 정의, 자애, 성실, 의로움입니다. 그런데 이 노래는 특별한 합창단과 오케스트라

로부터 나옵니다(4-8절). 신자들만 성전 예배에 사용되는 악기들(십현금, 나팔, 비파)의 반주에 맞추어 임금이신 주님 앞에서 환호하며 노래하는 것이 아닙니다. 합창단에는 모든 피조물이 참여합니다. 바다와 누리와 그 안에 사는 모든 것이 소리치고, 강들은 팔처럼 갈라진 그 지류들로 손뼉을 칩니다. 골짜기와 산들은 깊고 긴 메아리로 환호합니다. 주님께서 세상과 역사 안으로 들어오시기에 모든 이와 모든 것이 기뻐 뜁니다. 하느님이 당신의 피조물 가운데 오시며, 교만과 불의로 반항하는 인간에게서 추방되지 않으셨기에 세상은 노래를 부릅니다.

아버지처럼 자애로우신 하느님 103편

요한 1서에서 말하는 '하느님은 사랑이십니다'(4,8)라는 말씀이 이 찬미에서 예고되는 듯합니다. 이 시편은 하느님의 정의를 기리지만, 그 정의는 용서에 열려 있습니다. 개인적 찬양(2-3절)으로 시작하여 우주적 찬양(20-22절)

으로 끝나는 이 시편은 2가지 움직임으로 전개됩니다. 첫째 부분은 사랑과 용서의 감미로운 노래입니다(4-10절). 이 용서는 정의의 엄격한 법을 넘어섭니다(10절). 시의 둘째 부분은 하느님의 사랑과 인간의 나약함의 관계를 기리며(11-19절), 강력한 5가지 비유를 제시합니다. 그것은 하늘과 땅의 수직적 거리, 해 뜨는 곳과 해 지는 곳의 수평적 거리, 아버지의 자애, 광야의 뜨거운 바람에 시드는 들의 풀과 꽃입니다. 장면 전체에서 하느님의 선하신 사랑이 두드러지는데, 당신 피조물에 대한 하느님의 사랑을 문자 그대로 나타내는 모태를 가리키는 히브리어 어근을 통해서도 표현됩니다. 약하고 덧없는 인간, '수명은 짧고 혼란만 가득한'(욥 14,1) 인간은 영원에서 영원까지 이르는 주님의 자애에 감싸여 있습니다(17절).

피조물의 노래 104편

일부 학자들은 창조주와 피조물에 관한 이 눈부신 찬가

가 유명한 파라오 아케나톤이 태양신 아톤에게 바친 찬가(기원전 14세기)와 공통점이 있다고 봅니다. 아케나톤은 유일신 신앙을 바탕으로 이집트 종교를 개혁한 인물입니다('아톤'은 태양 원반이란 뜻이다). 물론 시편 저자의 관점은 차이가 있습니다. 태양은 신이 아니라 우주 안에 있는 하느님 광채의 여러 표지 가운데 하나이기 때문입니다. 창조세계 안에 흩뿌려진 놀라운 광경들에 매료된 시인은 장엄한 신현이 일어나는 하늘에서 시작하여(1-4절), 땅과 요동치는 물을 바라보고(5-9절), 이어서 무수한 형태의 생명들을 봅니다. 물은 땅 위에 생명이 생기게 하고, 동물과 식물의 형태로 자라게 하며, 피조물을 배불립니다(10-18절). 밤에 활동하는 짐승들과 낮에 활동하는 사람들이 조화롭게 살도록 해와 달, 낮과 밤의 변화가 반복됩니다(19-24절). 바다는 더는 창조를 파괴하려는 괴물이 아니라 배와 물고기들이 오가는 곳이며, 그 사이로 이제는 단순한 고래로 여겨지는 레비아탄이 노닙니다(25-26절). 창조하시는 하느님의 영은 온 세상에 생명을 가득 채워 주시고,

하늘 높은 곳에서 당신의 걸작을 바라보며 기뻐하십니다 (27-34절). 만물이 주님께 찬미의 노래를 부르기 위해서는, 세상이 죄인들과 악인들로부터 정화되고 해방되어야 합니다(35절).

임금이며 사제인 메시아 110편

히브리어 단어 63개로만 구성된 이 군왕 시편은 가장 많이 연구되고 음악으로도 만들어져, 큰 사랑을 받는 시편 가운데 하나입니다. 유다교에서부터 메시아 희망의 고전적 본문으로 인정됐으며, 히브리어 원문이 언제나 정확한 것은 아니지만 이스라엘 이전의 예루살렘이었던 살렘 임금이자 사제였던 멜키체덱의 사제직을 물려받은(창세 14장 참조) 이상적인 임금으로 번역되고 편집되었습니다. 110편은 병행되는 두 신탁으로 되어 있습니다. 첫 번째(1-3절)는 장엄하며, 임금이 하느님 현존의 표지인 궤의 "오른쪽"에 즉위하는 날을 위한 것입니다. 둘째 신탁(4-7절)

은 사제적 측면이 더 강한데, 고대의 임금은 제의적 역할도 했기 때문입니다. 이 부분은 승리한 임금이 이집트의 그림들에 나타난 파라오처럼 원수들의 머리를 부수고, 군사 행진 중에 개울에서 물을 마시는 잔인한 장면으로 끝납니다(6-7절). 고대 그리스어 번역에서 3절은 "새벽의 품에서 이슬처럼 내가 너를 낳았다"이며, 다윗 왕조의 임금이 하느님의 아들로 선포되는 장면으로 바뀌었습니다(시편 2,7 참조). 이러한 전망 안에서 이 시편은 그리스도론의 고전적 본문이 되었고, 신약성경에 여러 차례 인용되었습니다(예를 들어 마르 12,36; 히브 1,3.13; 7장; 사도 2,34-35).

화살기도 117편

작은 모형과도 같은 시편집에서 가장 짧은 이 찬가는 볼프강 A. 모차르트가 〈고백자의 장엄한 저녁기도*Vespri solenni di un confessore*〉(1780)에 담아 형언할 수 없이 아름다운 음악으로 변모시켰습니다. 이 시편은 전통적으로 다른 노래와 시편들 끝에 바치는 화살기도나 영광송처럼 사용되었습니다. 17개 단어 중 결정적인 것은 9개뿐이지만, 이 단어들은 성서 신앙의 핵심인 하느님께서 당신 사랑과 진실하심으로, 히브리어로는 '헤세드*hesed*'와 '에메트*'emet*'로 인간과 맺으신 계약을 기립니다. 이 찬양 시편에서 시인은 인간의 위대한 동맹자이신 하느님을 기리는 지상의 모든 민족과 노래를 결합합니다.

하느님 말씀에 대한 장엄한 노래 119편

이 시편은 성경의 법률인 토라에 탁월하게 표현된 하느님 말씀에 대한 기념비적인 알파벳입니다. 동방의 노래들처럼 소리 하나하나를 나선형으로 끝없이 반복하며 전개하여 하늘까지 오릅니다. 하느님의 말씀은 발걸음을 비추는 등불이고(105절), 꿀보다 더 달며(103절), 순금보다 귀합니다(127절). 이러한 하느님 말씀을 충실히 따르려는 항구함을 담기 위해, 기술적으로 세련된 문체가 사용었습니다. 곧 이 시편은 모두 22연으로 나뉘어 있으며 각 연은 8행으로 구성됩니다. 순서대로 히브리어 알파벳 각 글자로 시작될 뿐만 아니라, 그 8행의 각 절도 같은 알파벳 글자로 시작됩니다. 또한 각 절은 율법을 나타내는 히브리어 단어 8개 가운데 적어도 하나를 포함합니다. 그 단어는 '가르침'(토라 *torah*), '말씀'(다바르 *dabar*), '법'(에듯 *'edût*), '법규'(미쉬팟 *mishpat*), '말씀'(이므라 *'imrah*), '법령/규범'(후킴 *ḥuqqim*), '규정'(픽쿠딤 *piqqudim*), '계명'(미츠바 *miswah*)입니다. 마치 묵주기도처럼 히브리어 알파벳 알레프부터 타우까지 이어지는 순서에 따라, 신앙인은 시편집에서 가장 긴 이 기도의 끈에 사로잡혀야 하며, 삶의 모든 순간에 언제나 하느님과 함께 있는 기쁨을 고백해야 합니다. 철학자 블레즈 파스칼은 매일 이 시편으로 기도했다고 합니다. 디트리히 본회퍼는 이렇게 말했습니다.

> 분명 시편 119편은 그 길이와 단조로움으로 인하여 매우 무겁다. 하지만 바로 그 이유로 우리는 한 마디씩, 한 구절

씩 아주 천천히 안내하며 이 시편을 읽어야 한다. 그렇게 할 때 우리는 반복으로 보이는 것이 실제로는 하나이고, 동일한 실재인 하느님 말씀에 대한 사랑의 새로운 측면임을 발견하게 될 것이다. 그 사랑에 끝이 있을 수 없는 것과 같이, 그 사랑을 고백하는 말에도 끝이 없다. 그 말들은 우리의 삶 전체를 걸쳐 동행할 수 있으며, 그 단순함으로 인하여 아이와 어른과 노인 모두의 기도가 된다.

예루살렘, 평화의 도성 122편

122편은 가장 열정적인 시온의 노래 가운데 하나로서, 800미터 정도의 산꼭대기에 자리한 예루살렘으로 오르는 순례 시편에 속합니다. 이 노래는 1-2절에서 시간상 서로 다른 두 시점을 결합합니다. 그것은 순례자가 거룩한 도성으로 가려고 결심했던 과거와 이미 성문 안에 발을 디딘 현재입니다. 예루살렘의 건축적·영적 눈부심에 매료된 시인은 다윗 왕좌와 법정이 있던, 이스라엘 지파들을 더 의롭게 만들어 준 "재판하는 왕좌"가 있던 이 도성의 아름다움을 칭송합니다(3-5절). 시편 저자는 프란치스코회처럼 사랑하는 도성에 '평화와 선'을 기원하며 끝맺습니다(6-9절). 시온의 성전으로 올라가는 순례 시편에서 볼 수 있듯, 이 기원은 '평화의 도성'으로 해석된 '예루살렘'과 메시아적 색채를 띠는 히브리어 단어 '샬롬'("평화")을 연결합니다.

가정의 노래 128편

행복한 가정의 정경이 담긴 이 시편은 유다교와 그리스도교 혼인 전례에 사용하는 본문이 되었습니다. 자신의 노동에 만족하는 아버지, 하느님께 축복받은 이스라엘의 상징인 포도나무처럼 생명과 풍요로움이 가득한 어머니, 성경에서 중시되는 올리브나무 햇순처럼 힘과 생기가 가득한 자녀들을 그려 보입니다. 평화롭고 평온하고 행복한 이 가족이 사는 집의 문은 예루살렘을 향하여 열려 있는 듯합니다. 작은 히브리 가정(3절)에서 시작하여 민족(5절)이라는 큰 공동체로 확장되는데, 여기에도 평화롭고 평온하고 행복한 분위기가 머무릅니다. 가정에서 피어난 지혜문학적 노래가 이렇게 하여 성전 전례에 들어갑니다. 성전에서 사제들은 가정을 축복하면서, 그 안에서 충실한 이스라엘 전체에 머무는 하느님의 축복과 평화-샬롬을 봅니다(5절).

깊은 곳에서 130편

이 시편의 히브리어 단어 52개는 다른 많은 시편보다 더 자주 반복되고 번역되고 해설되었습니다. 교회 안에서 죽은 이들을 위한 노래로만 알려졌지만, 이 탄원은 용서받은 기쁨을 노래한 빛나는 찬가입니다. 기도자의 부르짖음은 인간 마음 안에 감추어진 악의 심연으로부터 올라와 하늘에까지 이릅니다. 하느님을 향한 신뢰로 가득한 그의 탄원은 죄책에서 은총으로, 죄에서 구속으로, 밤에서 빛으로 이끕니다. 유명하고 간결한 이 시편에 관하여 2가지만 언급하려 합니다. 첫째는 4절에 관한 것입니다. 시편 저자에게 하느님에 대한 경외는 심판이 아니라 용서에서 나옵니다. 바오로 사도가 "그분의 호의가 그대를 회개로 이끌려 한다"(로마 2,4)라고 말하는 것과 같습니다. 이 같은 용서를 경험할 때, 우리는 하느님의 상처 입은 사랑에 마음 아파해야 합니다. 하느님의 무한한 사랑은 그분의 진노보다 더 우리의 경외심과 무거운 죄로 인한 고통을 불러일으킵니다. 무자비한 군주를 괴롭히는 것보다 아버지를 괴롭히는 것이 더 고통스럽습니다. 둘째로는 6절에 들어 있는 표상을 강조하고 싶습니다. 용서를 기다리는 마음은 파수꾼이 야경을 하며, 새벽의 첫 빛살을 기다리는 것과 같은 전 존재의 갈망입니다. 그 기다림 속에는 태양이 언제나 빛과 생명을 지니고 떠오른다는 확신이 있습니다. 그러나 '파수꾼'이라는 단어는 더 일반적으로 '깨어지키는 사람'을 뜻하고, 이스라엘의 전례를 집전하기 위하여 낮을 기다리는 사제를 나타낼 수도 있습니다. 사제들의 수가 많아지면서, 그러한 기회는 일생에 한 번이 될 수도 있었습니다. 피조물을 향한 하느님의 사랑을 거룩하고 기쁘게 기다리는 것입니다.

어머니 품에 안긴 아기 131편

짧고 아름다운 이 신뢰 시편의 지극히 감미로운 표상으로 인하여, 이 시편은 그리스도교 전통 안에서 매우 사랑을 받았습니다. 아기가 자신의 안전과 평화를 이루는 어머니를 사랑하며 평온하게 매달리는 것과 같은 절대적이며 거의 본능적으로 반응하는 신뢰의 노래입니다. 그러나 많은 이가 생각하는 것처럼 어린 아기가 젖먹이를 뜻하는 것은 아닙니다. 여기에 사용된 히브리어 단어는 젖을 뗀 아기를 가리키며, 어머니가 아기를 등에 업고 다니는 매우 동방적인 표상을 보여 줍니다. 그러므로 이 친밀함은 더 의식적입니다. 이사야 예언자는 이스라엘과 하느님의 관계를 이러한 어머니의 상징으로 노래했습니다. "여인이

제 젖먹이를 잊을 수 있느냐? 제 몸에서 난 아기를 가엾이 여기지 않을 수 있느냐? 설령 여인들은 잊는다 하더라도 나는 너를 잊지 않는다"(이사 49,15). 시인은 교만한 마음으로 요란한 성공을 추구하는 사람들은 이해할 수 없는 이 친밀함으로 이스라엘 공동체를 인도하며 끝을 맺습니다. "이스라엘아, 주님을 고대하여라, 이제부터 영원까지"(3절).

바빌론 강기슭에서 137편

모든 시대의 문학 전통에서 끊임없이 인용된 이 강력하고 극적인 탄원은 기원전 586년 예루살렘이 파괴된 다음 유배되어 바빌론의 수로를 따라 살던 히브리인들의 애절함이 녹아 있습니다. 그 간절함이 얼마나 큰지 우리는 이 시편을 그저 듣고 있을 수밖에 없습니다. 그 절망과 희망, 표상들의 적나라함, 타오르는 분노와 비애의 강렬함 등은 충분히 설명할 수가 없습니다. 시온에 대한 애끓는 사랑,

이국땅에서 성전의 노래를 부르고 연주하여 그것을 모독하는 일을 할 수 없는 마음, 냉혹한 이들의 잔인함, 이스라엘에 종속되었다가 거룩한 도성 예루살렘을 초토화하는 데에 바빌론에 협력한 에돔인들에 대한 고통스러운 기억은 뛰어난 시의 소재가 됩니다. 이 시편은 에돔과 바빌론의 전멸을 기원하는 끔찍한 저주로 끝납니다. '네가 히브리 아기들에게 했던 것처럼 ─ 성경에서 말하는 동태복수법의 정의에 따라 ─ 다른 이들이 너의 아기들을 바위에 메어칠 것이다.' 소름 끼치는 장면이지만, 이는 복수하시는 의로운 하느님께 말하고 호소하는 것 외에 다른 무기가 없는 억압받는 인간을 향한 하느님의 '자기 낮춤'의 표지입니다. 이 마지막 저주의 바탕이 되는 개념은 앞서 소위 '저주 시편'을 설명할 때 다루었습니다.

주님, 당신은 저를 살펴보시어 아십니다 139편

139편은 시편집의 또 하나의 걸작으로서, 무한하고 전지 전능하신 하느님에 대한 찬가이자 매우 강렬하고 아름다운 찬가입니다. 지혜문학적인 이 노래는 예레미야서와 욥기와 공통점을 보입니다. 그러므로 이 시편은 유배 후에 작성되었을 것입니다(기원전 5세기 이후). 몇 마디 말로 여기에 담긴 풍요로움을 설명하기는 불가능합니다.

  이 노래의 네 연은 각각 하느님께서 모든 것을 아심(1-6절), 어디에나 계심(7-12절), 인간의 창조(13-18절), 악인들에 대한 심판(19-24절)을 다룹니다. 시편 저자가 첫마디를 꺼내기도 전에 하느님께서 이미 그의 말을 아신다는 것에서 인간이 느끼는 놀라움(4절), 하늘과 저승으로 날아가도 새벽을 향해 가고 서쪽 끝까지 도망가도 하느님을 피할 수 없음(8-9절), 하느님의 눈앞에서는 어둠도 환해짐(11-12절), 어머니 배 속의 태아를 비할 수 없이 아름답고 섬세하게 "엮으심"(13-15절), 우리의 날들이 있기도 전에 이미 하느님의 책에 모든 인간의 일생이 기록되어 있음(16절), 하느님의 업적을 부수려는 악인들에 대한 격한 분노(19-22절) 등을 지적하기에 충분합니다. 139편은 무한하신 하느님과 "경이로운"(14절) 피조물인 인간의 만남을 노래합니다.

창조물의 할렐루야 148편

148편은 창조물의 합창으로서, 인간이 이 찬양의 우주적 전례를 주재합니다. 이 시편은 2개의 강력한 할렐루야로 구성됩니다. 그 첫째는 하늘에 울려 퍼지며 별들이 노래합니다(1-6절). 그들의 찬가는 하느님의 창조와 섭리를 기립니다(5-6절). 두 번째 할렐루야는 땅에서 노래하며 창조물들을 열거합니다(우리의 지평을 구성하는 22가지 피조물이 알파벳처럼 나열된다). 이들은 하느님의 창조와 구원 행위를 기립니다(13-14절). 그러므로 하늘과 땅에 사는 모든 것이 우주의 성전에 소환되어, 창조주이며 구원자이신 오직 한 분인 주님께 기도의 교향곡을 올립니다.

마지막 할렐루야 150편

할렐루야 합창으로 시편집이 끝납니다. 화려하고 장엄하며 음악적인, 주님을 찬양하는 이 노래는 시편집의 마지막 메시지입니다. 거대한 폭포수와 같은 할렐루야를 성전의 오케스트라가 함께합니다. 뿔 나팔(쇼파르 *shofar*), 수금, 비파, 손북, 현악기, 피리, 자바라가 언급됩니다. 그러나 마지막에는 모든 생명체의 호흡이 최고의 기도와 찬양이 됩니다(6절). 자주 음악으로 연주된 이 우주적 노래로 히브리인들이 '터힐림 *tehillim*', '찬양가들'이라고 부르는 시편이 끝납니다.

맺음말

이로써 시편집에 대한 우리의 짧은 여행이 끝났습니다. 시간 전례, 말씀 전례의 화답송, 그리고 시편 본문으로 이루어진 많은 후렴구가 보여 주듯이 시편집은 탁월한 의미에서 그리스도교의 기도서입니다. 암브로시우스 성인은 밀라노 성당에 모여든 남자, 여자, 아이들이 시편을 노래하는 소리를 물결에 비유하여 "대양의 파도가 웅장하게 물결치는 것"이라 묘사했습니다. 시편은 주님이며 창조주이신 분을 찬양하는 인간과 창조물의 큰 호흡입니다.

우리의 여정을 신앙과 그리스도교 신학의 위대한 스승인 토마스 아퀴나스 성인의 말로 마무리하고자 합니다. 그는 시편집을 성경과 신학 메시지의 요약으로 여깁니다.

시편은 모든 신학의 소재를 포괄하는 보편성을 띤다. 교회 안에서 이 책이 많이 사용된 이유는 그 안에 성경 전체가 담겨 있기 때문이다. 또한 다른 책들이 내러티브, 권고, 토론 방식으로 제시하는 것을 찬양의 형태로 다시 말하는 것이 이 책의 특징이다. 기도하게 하고, 영혼이 하느님의 무한하신 엄위를 관상하고, 영원한 행복을 묵상하며, 하느님의 거룩하심과 친교를 이루고, 그분의 완전하심을 행동으로 본받음으로써 하느님에게까지 오르게 하는 것이 시편집의 목적이다.